ČRIPTO

ECONOMÍA

TEODORO GARCÍA EGEA

ÇRIPTO
ECONOMÍA

MADRID | CIUDAD DE MÉXICO | BUENOS AIRES | BOGOTÁ
LONDRES | SHANGHÁI

Colección Acción Empresarial de LID Editorial
Editorial Almuzara S.L
Parque Logístico de Córdoba, Ctra. Palma del Río, Km 4, Oficina 3
14005 Córdoba.
www.LIDeditorial.com
www.almuzaralibros.com

A member of:

businesspublishersroundtable.com

EAN-ISBN13: 978-84-17277-49-9
Directora editorial: Laura Madrigal
Corrección: Cristina Matallana
Maquetación: produccioneditorial.com
Diseño de portada: Juan Ramón Batista
Impresión: Cofás, S.A.
Depósito legal: CO-263-2023

Impreso en España / Printed in Spain

Primera edición: febrero de 2023
Segunda edición: abril de 2023

Te escuchamos. Escríbenos con tus sugerencias, dudas, errores que veas o lo que tú quieras. Te contestaremos, seguro: *info@lidbusinessmedia.com*

«Dicen que en la vida hay que plantar un árbol,
escribir un libro y tener un hijo.
Aunque lo realmente importante es regar
el árbol, leer el libro y criar al hijo»

Índice

Agradecimientos

Un libro escrito con conversaciones

En el verano de 2022 escuché cómo mi hija de siete años explicaba a una amiga qué es un bitcoin. En ese momento comprendí que tenía el apoyo de mi familia para avanzar con esta aventura. Quiero comenzar dando las gracias a mi mujer y a mis hijos porque, sin conocer profundamente el ecosistema cripto, me han acompañado y apoyado como siempre han hecho desde que estamos juntos. También quiero dar gracias a mis padres porque me han ayudado y apoyado en todo lo que he hecho en estos 37 años sin hacer muchas preguntas.

Mi vida siempre ha estado ligada a la tecnología. Aprendí a utilizar la línea de comandos de MS DOS antes que a poner bien las tildes. Entendí que estudiar ingeniería de telecomunicaciones era el desarrollo natural de mi vida. Por eso quiero dar las gracias a las muchas personas que a lo largo de estos años me han ayudado a avanzar en mi formación tecnológica. Estoy convencido de que las vocaciones científicas se forman de forma temprana; por eso intento inculcar en mis hijos el valor de la curiosidad y de la inquietud por aprender cosas nuevas cada día y de vivir una vida con propósito.

Este libro se ha construido a base de conversaciones. No solo quiero agradecer a todos aquellos que me han enseñado lo que sé, sino que quiero dar las gracias muy especialmente a todos aquellos que han escuchado pacientemente mis explicaciones sobre lo disruptivo que será el mundo con la llegada de la criptoeconomía sin entender nada de lo que hablaba. Gracias a todos aquellos que han aguantado estoicamente mis apasionadas conversaciones sobre tókenes, NFT, *exchanges* y algoritmos de consenso. Me han ayudado mucho a conseguir mejorar mis explicaciones, crear nuevos ejemplos y conseguir desarrollar un tema complejo de forma más sencilla. Han sido especialmente esas personas que, sin tener ningún conocimiento del tema, han puesto todo de su parte para entenderlo quienes me han hecho avanzar. También aquellas que me han cuestionado de forma insistente haciendo razonamientos que, en alguna ocasión, me han puesto en apuros. Desde Eugenio Galdón, a quien agradezco sus análisis siempre certeros, hasta mis compañeros Juan María Vázquez y Juan Luis Pedreño, quienes desde un primer momento vieron el potencial por desarrollar de esta tecnología. Durante mis fines de semana en Murcia exploraba la criptoeconomía en conversaciones con amigos como Alfonso Carrasco, Antonio Beltrán o Javier M. Gilabert. Ellos también me han ayudado a avanzar. También quiero agradecer profundamente a Juan Costa su apoyo para escribir este libro y la visión global que siempre imprime a nuestras conversaciones.

En 2016 comencé a hablar con muchas personas que trabajaban en el ámbito de la *blockchain*. De todas las tecnologías que comenzaban su auge en aquel momento, esta llamó mi atención por encima del resto. A partir de 2017 comencé a dar charlas por toda España, y quiero agradecer a entidades como Cajamar, la Universidad de Sevilla, la Universidad Francisco de Vitoria, UDIMA, UPCT, FOM, Foment del Treball, Binance, Crypto Plaza, el Instituto Atlántico de Gobierno o ENAE Business School que contaran conmigo en estos meses como ponente en alguno de sus cursos para hablar sobre esta tecnología. Ocho años después de mis comienzos en este ámbito, en 2022 el responsable de FOM, Pablo Oliete, me invitó a inaugurar la cumbre de la Industria 4.0 en Valladolid, donde los mayores expertos del sector tecnológico se concentraban para hablar de tecnologías habilitadores. Aquella charla tuvo tal repercusión, que comenzaron a invitarme de distintos foros a participar como ponente repasando el estado de la situación del ecosistema cripto.

A todos vosotros, gracias por vuestro tiempo, porque este libro también lo habéis escrito vosotros a través de nuestras conversaciones.

En uno de estos encuentros me dieron referencias de un lugar especial en Madrid, un lugar en el que se concentraba todo el talento cripto del sur de Europa, una referencia obligada para los amantes de la tecnología en general y de la web3 en particular. Ahí conocí a Alberto G. Toribio y a Jesús Pérez, fundadores de Crypto Plaza, y todo cambió. Sin ayudas públicas y solo con su talento y su tiempo habían creado un *hub* que conseguía atraer talento y empresas innovadoras en el ámbito cripto mundial. Desde que les conocí, en cada conversación con Jesús y Alberto sentía que aprendía tanto como en un programa corto de una escuela de negocios. Posteriormente tuvieron el apoyo de un referente del sector tecnológico y el emprendimiento en España, Carlos Barrabés, creando Crypto Plaza Tech by Barrabés y comenzaron a crecer. Gran parte de las reflexiones de este libro provienen de conversaciones con el ecosistema de Crypto Plaza. En el futuro, este espacio será reconocido como uno de los mayores casos de éxito en materia tecnológica en el ámbito europeo. Ellos fueron capaces de ver cosas que nadie veía en España.

Quiero dar las gracias especialmente a las personas que me han acompañado en la aventura de escribir este libro. A Daniel Romero-Abreu y al excelente equipo que ha conseguido forjar entorno a Thinking Heads. Gracias a Irene Alonso y a Elena Valerio por su ayuda y confianza desde el principio en que este proyecto merecía la pena. Sin su ayuda y sus consejos no hubiera podido finalizarlo con éxito.

Sin conocer personalmente a Manuel Pimentel, siempre he admirado su trabajo y su trayectoria profesional. Fue capaz de dedicar unos años al servicio público como ministro y continuar posteriormente con un apasionante y exitoso proyecto empresarial en el mundo de los libros. Una de las mejores cosas de escribir esta obra ha sido poder conocerlo, aprender y compartir tiempo con él. Ha conseguido crear un gran equipo de profesionales a su alrededor y ha sido un lujo compartir tiempo con personas de la talla humana y profesional de Gema Díaz Real y Laura Madrigal. Espero que este libro sea el primero de muchos sobre un tema que está captando la atención cada vez de más personas.

Prólogo

Madrid, otoño de 2012. Eran las 8 de la tarde y lloviznaba. Un buen amigo del Ministerio de Economía me había invitado a cenar con un grupo de diputados y jóvenes asesores parlamentarios. En España 2012 fue uno de los peores momentos de la crisis financiera. La economía retrocedió un 2.9 %, se destruyeron 850 000 empleos y el sistema financiero acabó con un rescate de más de 100 000 millones de euros.

La innovación financiera y la política monetaria de principios de la década de 2000 permitieron a muchas familias acceder al crédito y a una vivienda, pero al mismo tiempo crearon una burbuja en el mercado inmobiliario y en el suministro de crédito que sumió al mundo en lo que se conoció como *la Gran Recesión*. Todavía hoy vivimos las consecuencias de esa crisis que hizo a muchos perder la confianza en el sistema. Una fue la marea de populismo político que hemos vivido en Europa, en EE. UU. y en el mundo en la última década.

Actualmente vivimos una nueva ola de innovación financiera que puede conducirnos al fin del dinero tal como lo conocemos hoy. Y esa ola, al igual que la de innovación financiera que nos llevó a la crisis económica de 2008, puede traer, además de progreso y mejoras económicas, costes y desigualdad. La historia demuestra que la innovación, aparte de ventajas, también puede tener un lado oscuro.

Pero volvamos a Madrid. Entré en El Rincón de José, un restaurante bastante popular cercano al Congreso de los Diputados. Hicimos las presentaciones y allí conocí a Teodoro García Egea. Recuerdo aquella cena muy bien. Hablamos de la crisis financiera, pero también de otros temas, como ecología, tecnología, sostenibilidad y *blockchain*. Yo llevaba dos años trabajando para Ernst & Young (EY) en sostenibilidad. Teo estaba empezando a dar clases en la universidad al tiempo que centraba su trabajo como diputado nacional en el desarrollo de iniciativas para situar a España a la vanguardia de la Cuarta Revolución Industrial.

Durante estos años Teo y yo hemos continuado esa conversación en muchas ocasiones y hemos hablado de cómo la tecnología *blockchain* primero y la criptoeconomía después pueden cambiar la economía global.

La *blockchain* y la criptoeconomía se han presentado como una oportunidad para democratizar y descentralizar el mercado financiero, para limitar el poder de las grandes instituciones financieras y de los países más influyentes de la economía global; un sistema financiero donde los ciudadanos decidan y todos sean iguales y tratados de la misma manera. Los bitcoines y la *blockchain* pueden ayudar a crear un mercado financiero más inclusivo, un sistema de pagos veraz y una economía con menores costes de transacción.

La innovación financiera y la *blockchain* abren también nuevas oportunidades en las economías emergentes. En estos países, una parte amplia de la población carece de acceso al sistema bancario y la descentralización financiera puede hacer más asequible y accesible prestar servicios financieros de ahorro, crédito o seguro a todas las capas de la población.

Fenómenos como la creación de monedas electrónicas por los bancos centrales y la desaparición del dinero físico pueden contribuir también a luchar contra el fraude fiscal, la corrupción y las actividades ilícitas.

Finalmente, la criptoeconomía y las finanzas descentralizadas (DeFi) pueden ayudar a construir mercados globales y contribuir a hacer frente a retos como la protección de la biodiversidad y la lucha contra el cambio climático.

Sin embargo, existen también múltiples desafíos. El poder de la tecnología puede conducir asimismo a una mayor concentración del mercado entre unos pocos sistemas de pago y proveedores de servicios financieros. También existe el riesgo de que algunas grandes corporaciones o grandes economías utilicen las monedas electrónicas como un nuevo instrumento de colonización o dominio sobre economías más pequeñas o menos creíbles.

Por otra parte, las criptomonedas pueden afectar a la demanda de monedas fiduciarias y la capacidad de los bancos centrales para cumplir sus objetivos y tener implicaciones en los tipos de cambio y en la estructura del sistema monetario internacional.

La innovación financiera y la versión digital de las monedas fiduciarias abre además nuevos debates sociales. El anonimato y la privacidad son principios esenciales en las sociedades occidentales. Si el dinero, tal y como lo conocemos, da paso a medios y sistemas de pagos digitales, el anonimato y la privacidad no solo pueden estar en peligro, sino que también puede comprometerse la credibilidad de los bancos centrales y de las instituciones financieras.

Veámoslo o no, el sistema financiero global se enfrenta a una era de cambio disruptivo. Detrás de ello se encuentra la tecnología, pero también una nueva visión de la sociedad y la economía global.

El efecto de esta nueva ola de innovación financiera puede ser eminentemente positivo. Puede facilitar el acceso al ahorro y al crédito a los más desfavorecidos y también a los emprendedores, quienes ven inviables muchos proyectos por la petición de garantías y colaterales de buena parte de la banca más tradicional. Al mismo tiempo, los pagos y transacciones nacionales e internacionales podrían ser más económicos y rápidos.

Sin embargo, actualmente hay más sombras que luces. La sucesión de fracasos corporativos que ha vivido la industria cripto durante los últimos 12 meses nos alerta de riesgos importantes, especialmente que algunos esquemas puedan acabar dañando a los más desfavorecidos económicamente.

¿Cómo podemos evitarlo? Como apunta Teo en este libro, la regulación no puede ser el único camino. Los gobiernos no están siendo capaces de dar soluciones a muchos de los desafíos a los que se enfrenta la economía global. El sector privado debe desempeñar un papel protagonista en la búsqueda de soluciones. Hoy el mundo debe aceptar que la solución es la cogobernanza. Muchos líderes sociales y empresariales están marcando el camino para construir un capitalismo más justo y liderando la lucha contra el cambio climático, la protección de la biodiversidad y la construcción de una economía más inclusiva. De igual forma, el ecosistema que está liderando la innovación financiera ha de recordar cuál es su propósito, su fin último, y desarrollar un catálogo de buenas prácticas capaces de contribuir a construir un sistema financiero justo e inclusivo.

Juan Costa
Ministro de Ciencia y Tecnología

Introducción

El 6 de julio de 2021 asistí a una charla del vicepresidente del Banco Central Europeo (BCE), Luis de Guindos, en los cursos de verano de El Escorial, en Madrid. Entre el público se encontraban cargos públicos, personas relevantes de la sociedad española y también algunos alumnos de la Universidad Complutense de Madrid. Al final de la conferencia, uno de los estudiantes levantó la mano e hizo una pregunta al ponente: «Sr. Guindos, ¿qué opina de las criptomonedas?». La respuesta resultó inesperada para mí y, seguramente, también para el joven: «Puedes invertir en criptomonedas o puedes ir al casino de Torrelodones. Para el caso, es lo mismo».

Con toda probabilidad, aquel estudiante había analizado la tecnología cadena de bloques *(blockchain)* que hay detrás de los criptoactivos, las ventajas de los contratos inteligentes o las oportunidades de las finanzas descentralizadas (DeFi) y buscaba una reflexión en profundidad del ponente. Por eso imagino que no esperaba que Luis de Guindos, un referente en el ámbito económico, respondiese como lo hizo.

A mí me sorprendió que un economista tan brillante tuviera esa concepción de las posibilidades de las criptomonedas. A raíz de su comentario, me pregunté cuántos economistas, políticos, empresarios, asesores financieros, etc., compartirían su punto de vista y si estaría más basado en un discurso imperfectamente construido desde los medios y las redes sociales que en un acercamiento en profundidad al mundo de las DeFi. En ese momento me di cuenta de que la criptoeconomía, las DeFi o la web3 iban a generar una brecha similar a la que supuso la llegada de Internet hace treinta años e iban a dejar a muchas economías atrás por no subirse a tiempo a la revolución del Internet del valor.

Me planteé entonces si intervenir en aquel foro. Cualquiera podría haberse levantado y comparar el casino de Torrelodones con productos como las participaciones preferentes o las *subprime* vendidas sin la debida supervisión de los reguladores a personas que desconocían sus características. Pero nadie lo hizo, y yo tampoco. Sin embargo, desde ese momento llevo pensando en escribir este libro.

Las criptomonedas, los criptoactivos, los tókenes no fungibles (*Non Fungible Tokens* [NFT]) y, en definitiva, la web3 son conceptos cuyo desconocimiento está generando un gran problema para el futuro de nuestra economía. Los que conocen qué hay detrás de esta tecnología dedican parte de su tiempo a profundizar en las posibilidades que ofrece. Mientras, los que dudaron de su utilidad desde un primer momento se esfuerzan en desacreditarla. Es la nueva brecha digital, que enfrenta a partidarios y detractores de los criptoactivos; una brecha que se hace visible cuando un joven estudiante hace una pregunta al vicepresidente del BCE y evidencia la existencia de un nuevo mundo complejo que requiere grandes dosis de estudio, un análisis sosegado e importantes conocimientos tecnológicos.

Las siguientes páginas pretenden ser útiles para una gran variedad de público. Aquel que desconoce por completo la tecnología que hay detrás de los criptoactivos puede comenzar a entender por qué estaba equivocado al criticarla; el que es autodidacta en el difícil mundo de las DeFi podrá profundizar sobre conceptos y aplicaciones que le permitan mejorar su bagaje sobre el ecosistema, y, por último, quien conoce bien la tecnología y las potencialidades de los criptoactivos encontrará reflexiones y predicciones sobre su evolución en el futuro.

En definitiva, este trabajo es una llamada a la reflexión tanto para los que atacan las criptomonedas, por si sirve para que se replanteen su posición inicial, como para aquellos que creen que son la panacea. Los primeros podrán seguir atacándolas, pero sabiendo un poco más sobre su funcionamiento, y los segundos entenderán que aún hay mucho camino por recorrer.

1
La criptoeconomía anuncia la llegada de un nuevo mundo

Todo gran cambio tecnológico disruptivo genera cambios irreversibles en todos los sectores de la sociedad, normalmente basados en hechos sencillos. En el caso de la criptoeconomía, la posibilidad de enviar valor entre dos usuarios sin un intermediario abre un mundo de posibilidades. En este capítulo reflexionaremos sobre:

- Las características técnicas que hacen de la tecnología *blockchain* y la criptoeconomía algo disruptivo y no una mera transformación digital.
- La evolución que han venido sufriendo los criptoactivos y los protocolos con los que interacciona.
- ¿Qué hay detrás de las criptomonedas?

A lo largo de la historia, todo avance tecnológico generador de cambios sociales ha sido objeto de ataque. La llegada del telar mecánico provocó un 90 % de desempleo en el sector textil debido a la sustitución de la mano de obra por maquinaria. Este conflicto fue el germen del ludismo, un movimiento que llevó a los artesanos a rebelarse y a destruir las máquinas, a las que culpaban de su situación. Por su parte, la introducción del automóvil cambió radicalmente los métodos de transporte: transformó sectores enteros y obligó a los trabajadores a adquirir nuevas competencias profesionales. La llegada de

Internet, hace ya treinta años, originó una brecha digital que continúa abierta en algunos estratos de la población. La llamada *exclusión financiera* es solo una parte de esa brecha y afecta especialmente a personas de edad avanzada, quienes únicamente contemplan hacer trámites con su banco en una oficina física y rechazan frontalmente los medios tecnológicos no solo por desconfianza, sino también a causa de una forma determinada de entender el mundo.

La expansión de la *blockchain* y la criptoeconomía no estarán tampoco exentas de las dificultades que tuvieron que sortear otras tecnologías disruptivas en el pasado. Sin embargo, hay algo que las diferencia enormemente de cualquier mejora técnica anterior: en este caso no hablamos de comunicarnos, de perfeccionar nuestra movilidad o de ser más productivos, sino de crear «dinero». Y eso, hasta ahora, era competencia exclusiva de los Estados.

1. Un poco de historia

Entre 2020 y 2023 la gran mayoría de la población del mundo desarrollado ha oído hablar de la existencia de los criptoactivos, la *blockchain,* etc. Sin embargo, hemos de remontarnos a 1992 para encontrar el germen del fenómeno que vivimos hoy: el manifiesto criptoanarquista publicado por el estadounidense Timothy C. May. Según el autor, este movimiento tiene como objetivo la utilización de la criptografía asimétrica para hacer cumplir los principios de privacidad y libertad individual. La criptografía asimétrica es un tipo de cifrado en el que existen dos claves: la pública, que conoce todo el mundo, y la privada, que solo sabe el usuario. La combinación de ambas permite disponer de un sistema de cifrado robusto. Treinta años después de su redacción, el manifiesto demuestra que fue escrito por alguien con una visión de futuro que muy pocos tenían por aquel entonces.

El manifiesto criptoanarquista

Un espectro está surgiendo en el mundo moderno, el espectro de la criptoanarquía. La informática está al borde de proporcionar la capacidad a individuos y grupos de comunicarse e interactuar entre ellos de forma totalmente anónima. Dos personas pueden intercambiar mensajes, hacer negocios y negociar contratos electrónicos sin saber nunca el nombre auténtico o la identidad legal de la otra. Las interacciones sobre las redes serán intrazables gracias al uso extendido de reenrutado de paquetes encriptados en máquinas a prueba de manipulación que implementen protocolos criptográficos con garantías casi perfectas contra cualquier intento de alteración. Las reputaciones tendrán una importancia crucial, mucho más en los tratos que las calificaciones crediticias actuales. Estos progresos alterarán completamente la naturaleza de la regulación del Gobierno, la capacidad de gravar y controlar las interacciones económicas, la capacidad de mantener la información secreta e incluso la naturaleza de la confianza y de la reputación.

La tecnología para esta revolución (y seguramente será una revolución social y económica) ha existido en teoría durante la última década. Los métodos están basados en el cifrado de clave pública, sistemas interactivos de prueba de cero-conocimiento y varios protocolos de *software* para la interacción, autenticación y verificación. El foco hasta ahora ha estado en conferencias académicas en Europa y EE. UU., monitorizadas de cerca por la Agencia de Seguridad Nacional. Pero solo recientemente las redes de computadores y ordenadores personales han alcanzado la velocidad suficiente para hacer las ideas realizables en la práctica. Y los próximos diez *años traerán suficiente velocidad adicional para* hacerlas factibles económicamente y, en esencia, imparables. Redes de alta velocidad, ISDN, tarjetas inteligentes, satélites, transmisores de banda Ku, ordenadores personales multi-MIPS y chips de cifrado ahora en desarrollo serán algunas de las tecnologías habilitadoras.

El Estado intentará, por supuesto, retardar o detener la diseminación de esta tecnología, citando preocupaciones de seguridad nacional, el uso de esta tecnología por traficantes de drogas y evasores de impuestos y miedos de desintegración social. Cualquiera de estas preocupaciones será *válida; la* criptoanarquía permitirá la comercialización libre de secretos nacionales y la comercialización de materiales ilícitos y robados. Un mercado computarizado anónimo permitirá incluso el establecimiento de horribles mercados de asesinatos y extorsiones. Varios elementos criminales y extranjeros serán usuarios activos de la CryptoNet. Pero esto no detendrá la extensión de la criptoanarquía.

Al igual que la tecnología de impresión alteró y redujo el poder de los gremios medievales y la estructura del poder social, también los métodos criptológicos alterarán la naturaleza de las corporaciones y la interferencia del Gobierno en las transacciones económicas. La criptoanarquía, combinada con los mercados de información emergentes, creará un mercado líquido para cualquier material que pueda ponerse en palabras e imágenes. Y de la misma manera que una invención aparentemente menor como el alambre de púas hizo posible el cercado de grandes ranchos y granjas, alterando así para siempre los conceptos de tierra y los derechos de propiedad en las fronteras de Occidente, así también el descubrimiento aparentemente menor de una rama arcana de las matemáticas se convertirá en el alicate que desmantele el alambre de púas alrededor de la propiedad intelectual.

¡Levántate, no tienes nada que perder excepto tus propias vallas de alambres con púas!

May hablaba del desarrollo de un tipo de tecnología basada en clave asimétrica que permitía construir un mercado líquido para cualquier material. Y lo hacía mucho antes de que el bitcoin tuviera una capitalización de mercado suficiente para considerarse un activo líquido, es decir, que puede comprarse y venderse en cualquier momento al precio fijado por el mercado.

El manifiesto se publicó sin mucho ruido y así se mantuvo durante dos décadas, a pesar de que predijo de alguna forma la brecha social y cultural que iba a provocar la popularización de los criptoactivos. No fue hasta 2009 cuando Satoshi Nakamoto (pseudónimo del creador o grupo de creadores de Bitcoin) publicó un artículo[1] en el que describía un sistema de dinero electrónico completamente descentralizado a través del cual dos personas podían operar sin una autoridad de confianza o servidor central. Los comentarios que la comunidad hizo a aquella propuesta aún pueden leerse en el documento original y prueban el entusiasmo y el respeto por un texto que, ya entonces, intuían que iba a cambiar muchas cosas. Gracias a este artículo nació el bitcoin y los entusiastas del movimiento criptoanarquista recuperaron el manifiesto. Resulta curioso que, unos años después, Nakamoto dejara de publicar en foros y desapareciera por completo. Su identidad sigue siendo hoy un misterio.

A partir de 2009 las criptomonedas empezaron a evolucionar, tanto tecnológica como legalmente. Tras el nacimiento de las criptomonedas, uno de los retos que había que superar era la forma en la que se podían intercambiar monedas fiduciarias por bitcoines. En 2010 tuvo lugar la creación del primer gran *exchange* de criptomonedas, el MTGox. Un *exchange* de criptomonedas es una plataforma de intercambio que funciona exactamente igual que las casas de cambio que podemos encontrar en los aeropuertos para canjear euros por dólares o libras.

En España el bitcoin fue reconocido como objeto de derecho real al tiempo que la Dirección General de Ordenación del Juego consideraba que era dinero. Muchos se preguntarán por qué este órgano directivo del Ministerio de Consumo entró a valorar si este criptoactivo era dinero o no en sus primeros años de vida.

El motivo fue que algunos de los primeros entusiastas de la comunidad quisieron saber cómo consideraban las administraciones públicas las criptomonedas. En concreto, uno de los pioneros en este ámbito en España, Alberto G. Toribio, creador de la primera *startup* del mundo con bitcoines dentro del capital social, hizo una consulta[2] a las administraciones para saber si una apuesta con bitcoin estaba sujeta a la misma regulación que el dinero. Es decir, si apostar con dinero era lo mismo que apostar con bitcoines. Pero antes de eso, durante la constitución de las primeras empresas dedicadas a los criptoactivos, se constató que esta moneda electrónica era un derecho real. En palabras de los impulsores:

> «Esa definición decía que era un objeto de derecho real. Eso quiere decir que es básicamente como una casa, una silla o una mesa, simplemente es un bien digital que tiene un valor. El hecho de que sea un objeto de derecho real es algo muy interesante, no ocurre con ningún otro bien digital. Para que luego sea objeto de derecho real tienes que tener propiedad exclusiva sobre él y eso no ocurre sobre una foto digital, porque puedes copiarla. Con el bitcoin no ocurre. O lo tienes tú o yo, pero no pueden tenerlo dos personas a la vez, a no ser que hablemos de multifirma, pero no se puede copiar el bien tantas veces queramos como ocurre con una foto. A eso se refiere un objeto de derecho real. En este caso, el bitcoin sí lo es. Fue complicado convencer al notario y al Registro Mercantil de que se trataba de derecho real y esto fue la primera definición jurídica que tuvo el bitcoin».

Una vez constatado que el bitcoin era un objeto de derecho real, el siguiente paso consistió en corroborar que se trataba de dinero. La Dirección General de Ordenación del Juego ratificó esta cuestión:

> «La Ley de Ordenación del Juego dice que si yo apuesto cantidades de cosas que no son dinero, no tengo por qué pagar impuestos. Así que nuestro argumento fue vamos a utilizar bitcoines para el juego en línea, pero nos vas a hacer pagar impuestos en contra de lo que dice la Ley. Entonces la Agencia Tributaria y la Dirección General de Ordenación del Juego dijeron que a pesar de que el bitcoin no es dinero, en este caso iban a actuar como si lo fuese. Este hecho marcó un punto de inflexión».

Estos acontecimientos sirvieron como base para comenzar a plantearse el tipo de impuestos que cabría asignar a activos como el bitcoin, dado que en aquel momento era el único criptoactivo en el mercado. Fue entonces cuando el Tribunal de Justicia de la UE declaró que el bitcoin podía utilizarse como una moneda convencional y, por ende, su uso debía estar libre de impuestos en todos los países que comprendían la jurisdicción del tribunal[3].

En 2015 Vitálik Buterin y otros colaboradores lanzaron Ethereum, una plataforma o red digital que adoptaba la tecnología *blockchain* ideada por Nakamoto y cuya criptomoneda nativa denominaron *ether*. Crearon entonces la primera oferta inicial de criptomoneda (*Initial Coin Offering* [ICO]), un proceso de financiación mediante el cual buscaban obtener fondos para el propio crecimiento de la red. Para ello, pusieron los tókenes a la venta en el mercado. Este procedimiento lo utilizarían posteriormente muchísimos protocolos (dando servicios dentro del ecosistema cripto) para obtener financiación. De este proceso hablaremos en capítulos posteriores.

Hoy muchas personas creen que la caída en la valoración de los criptoactivos ocurrida a mediados de 2022 es la primera de la historia; sin embargo, en 2015 el bitcoin sufrió un desplome del 50 % en su valoración respecto al dólar, lo que llevó a MTGox, la primera plataforma de intercambio de criptomonedas *(exchange),* a la quiebra debido a la poca liquidez existente en aquellos años y a la insuficiente madurez del ecosistema de *exchanges*. Esto ha ocurrido y seguirá pasando, como ocurrió en el caso de FTX en enero de 2022.

A mediados de la década, las nuevas tendencias se fueron consolidando. Los grandes bancos empezaron a interesarse por la *blockchain* y las consultoras más importantes encargaron estudios sobre las posibilidades que ofrecía esta tecnología como parte de su estrategia de transformación digital. A partir de 2017 se impulsaron proyectos basados en el lanzamiento de tókenes para financiarse y nacieron muchas de los criptoactivos y plataformas que conocemos hoy.

En los últimos años han surgido nuevos conceptos, como los NFT, las finanzas descentralizadas y la web3. El paso de la web 2.0 a la 3.0 lo marca cómo nos identificamos en la Red: en el Internet de la información nuestra identidad está definida por la dirección IP y en el Internet del valor, por un monedero electrónico *(wallet),* que no es más que una cadena alfanumérica que representa una dirección en una red *blockchain* donde se almacenan criptoactivos.

El ecosistema ha pasado de tener menos de 800 000 usuarios en 2009 a contar con más de 40 millones en 2019, un número que se calcula según el de monederos electrónicos activos. La comunidad ha crecido y ya no solo la forman entusiastas de la criptografía, sino una auténtica red de profesionales que desarrollan servicios financieros para los poseedores de criptoactivos. El aumento de los servicios asociados durante los próximos diez años y su adopción por parte de la sociedad en general cambiarán nuestra manera de entender el mundo de la misma forma que nos cambió la popularización de Internet.

2. Del Internet de la información al Internet del dinero

Hace treinta años, la información escrita solo podía intercambiarse en mano. La llegada de Internet, la capacidad de miles de ordenadores interconectados y un lenguaje común con el que hablar (protocolo informático) permitieron a cualquier ciudadano sumarse a la Red e intercambiar mensajes y documentos de manera virtual. No era necesario conocer en detalle el funcionamiento del protocolo TCP/IP, la forma en la que se hacía la conversión analógica/digital o los protocolos de enrutamiento. Una interfaz en un PC era suficiente para recibir un correo electrónico y acceder a la información que otros habían enviado, y también al revés: entrar en Outlook, introducir la dirección de la persona a la que queríamos escribir y darle a Enviar. La tecnología se encargaba de transformar las letras en impulsos eléctricos bajo unas reglas que permitían a los ordenadores entenderse entre sí.

Sobre la base del intercambio de datos en Internet se construyeron empresas como Google o Amazon, las administraciones públicas idearon nuevas formas de relacionarse con los ciudadanos y las redes sociales permitieron a miles de personas ponerse en contacto. Había llegado la web2, la de las redes sociales. Se han construido infinidad de servicios que han hecho evolucionar la forma en la que interaccionamos, compramos, vendemos o pedimos una cita médica. Sin ellos, hoy la vida cotidiana sería más difícil.

De la misma manera, hasta hace poco la única forma de transferir dinero sin intermediarios era entregándolo en efectivo. La llegada de la tecnología *blockchain* y su desarrollo posterior han permitido que, por primera vez en la historia, sea posible que dos personas que no se conocen y que no tienen garantías la una de la otra puedan intercambiar dinero directamente y con seguridad. Esta es la primera piedra sobre la que se construye el Internet del dinero. Esta es la base de la criptoeconomía.

—

La llegada de la tecnología *blockchain* ha permitido que, por primera vez en la historia, sea posible que dos personas que no se conocen y que no tienen garantías la una de la otra puedan intercambiar dinero directamente y con seguridad.

3. ¿Qué es la tecnología *blockchain*?

Hace muchos años que comencé a interesarme por la tecnología *blockchain*. Me atrajo tanto por la sencillez de sus planteamientos como por la complejidad de los desarrollos que podrían generarse a partir de ella.

La tecnología *blockchain*, cuya traducción habitual es «cadena de bloques», no es más que una base de datos descentralizada y recogida en miles de nodos. Para simplificarlo, imaginemos cientos de ordenadores conectados mediante una red. Usaremos estos ordenadores (nodos) para almacenar, por ejemplo, la información de los saldos de los clientes de un banco. En cada terminal hay una copia idéntica de estos datos. Para modificar el saldo de un cliente, tendríamos que cambiar la información en todos los ordenadores con el fin de que siempre fuera idéntica. Este sistema de gestión constituye una *estructura descentralizada* y es la base de la *blockchain,* que utiliza mecanismos de consenso para hacer el cambio en todos los nodos/ordenadores a la vez. Una de sus propiedades es que ofrece mayor seguridad que los sistemas centralizados, donde los datos se almacenan en un único dispositivo.

Por otro lado, las dos características principales de la tecnología *blockchain* son la garantía de la inmutabilidad de la información y la trazabilidad total. La información es inmutable porque es técnicamente imposible modificar un registro sin la clave privada del usuario. Y, una vez registrada en la red, nadie puede cambiarla sin dejar huella, ni siquiera su propietario. Además, todos los datos están unidos entre sí. En cualquier caso, si en algún momento alguien modificara una información pasada, la *blockchain* lo detectaría y no tendría en cuenta el nodo que hizo ese cambio. La trazabilidad total tiene que ver, por su parte, con el concepto de cadena: en lugar de sobreescribir la información y borrar las referencias anteriores, cada cambio (la modificación, la transacción o la introducción de datos inéditos) genera un nuevo bloque que se enlaza con el anterior y se une al histórico, que registra desde la primera hasta la última operación realizadas. Toda esa información se almacena, por tanto, como una cadena de bloques, enlazando continuamente las informaciones anteriores con las nuevas. Si volvemos al ejemplo, diríamos que el saldo de una cuenta forma una *blockchain* en cada uno de los ordenadores conectados. Por esta razón, esta tecnología aporta un valor importante en proyectos donde asegurar la trazabilidad de determinada información es un aspecto clave para el negocio.

Gráfico 1.1 Cómo funciona la *blockchain* para hacer pagos

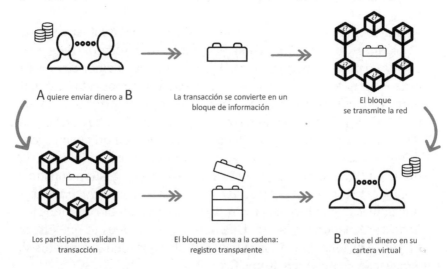

A quiere enviar dinero a B

La transacción se convierte en un bloque de información

El bloque se transmite la red

Los participantes validan la transacción

El bloque se suma a la cadena: registro transparente

B recibe el dinero en su cartera virtual

Aunque hemos puesto como ejemplo el almacenamiento de los saldos de un usuario, sirve para recoger con integridad y trazabilidad cualquier dato que se desee. Los proyectos *blockchain* permiten guardar desde registros de tiempo atmosférico hasta los distintos tipos de viñas que los agricultores suministran a una bodega, de tal forma que se garantiza a los clientes que el vino que están tomando procede de una uva ubicada en una finca concreta. Si una *blockchain* almacena la información desde el origen, ni siquiera el dueño de dicha información podría alterar los registros. De esta forma, el consumidor tiene la certeza de que la trazabilidad del proceso es total. Bodegas como Emilio Moro se han lanzado a utilizar este sistema como experimento con buenos resultados[4].

4. De la cadena de bloques a la criptodivisa

La *blockchain* en sí misma no es una tecnología disruptiva, del mismo modo que la transmisión de información entre dos puntos no supuso cambios significativos hasta la llegada de Internet y de las aplicaciones web. Como ya hemos dicho, no es más que una base de datos descentralizada sobre la que almacenar información con total garantía de trazabilidad e inmutabilidad. La gran disrupción viene de la mano de la criptoeconomía y el desarrollo de protocolos que utilizan la *blockchain* para generar cambios exponenciales en ámbitos tradicionales como el de la moneda o los servicios financieros.

Uno de los primeros y quizá el más popular es el protocolo de Bitcoin. Como hemos mencionado, en 2009 Nakamoto (cuya identidad real todavía se desconoce) publicó un artículo donde describió un sistema para que dos usuarios pudieran intercambiar dinero a través de una red *blockchain*. Esta tecnología se basa en un mecanismo de consenso de todos los nodos participantes, por lo que no se necesita ninguna autoridad central para mantener la información segura e íntegra. Quienes deseen profundizar en los mecanismos de consenso que usan los distintos criptoactivos sobre las redes *blockchain* pueden analizar los dos principales: prueba de trabajo (*Prof of Work* [(PoW]) o prueba de participación (*Prof of Stake* [PoS]). Existen otros mecanismos de consenso como *Prof of Humanity* que tiene como objetivo comprobar que la persona que hay detrás es un humano. Este sistema es el equivalente al sistema *Captcha* que nos pide identificar elementos en una imagen borrosa para probar que no somos un *bot*.

5. El problema de los generales bizantinos

El protocolo Bitcoin fue el primero en conseguir resolver este problema planteado por la teoría de juegos. En este problema se propone el problema que afrontan las estructuras descentralizadas para llegar a un consenso.

El problema plantea una situación en la que varios generales tratan de asaltar una ciudad bizantina. La ciudad está rodeada por varias unidades y al mando de cada una está un general. La única forma de conquistar la ciudad será que el ataque de todos se produzca a la vez; en caso de no ponerse de acuerdo, la ciudad no podrá tomarse y fracasará la misión. En este contexto, los generales solo pueden emplear a mensajeros para comunicarse entre sí, con el riesgo de que sean capturados o asesinados. Además existe la posibilidad de que el enemigo introduzca señuelos, falsos mensajes o espías. En este contexto, ¿cómo podrían los generales coordinarse para atacar la ciudad?

En este punto el lector habrá revisado la portada del libro intentando entender qué tienen que ver los generales bizantinos con el bitcoin. Básicamente, Bitcoin ha conseguido desarrollar unas reglas de consenso que permiten a los generales bizantinos atacar la ciudad con éxito sorteando las trampas del enemigo, a los generales traidores y cualquier otro problema similar. En un sistema centralizado este problema no existe, pero sí otros como que implican mayor vulnerabilidad si cae el sistema central. Tanto en los sistemas cripto como en el caso de los generales bizantinos no existe una autoridad central que coordine todos los elementos; han de existir reglas de consenso inmutables que permitan evitar que alguien tome el control o modifique la información o las instrucciones acordadas.

En el ataque a la ciudad bizantina tenemos generales y en la red *blockchain* de Bitcoin, ordenadores. Los generales deben ponerse de acuerdo para ejecutar el ataque a la misma hora y descartar la información manipulada del enemigo, mientras que los ordenadores han de seguir unas normas para mantener la integridad en el saldo en bitcoines de los usuarios y evitar el doble gasto. Los sistemas PoS o PoW son los dos algoritmos de consenso más populares en el ámbito *blockchain*.

Para resolver este problema, la solución tiene que contemplar que puede haber generales traidores que transmitan órdenes para confundir, al igual que la red Bitcoin considera qué hacer cuando algún nodo intenta enviar un gasto duplicado o una transacción que no se ha producido. Bitcoin vino a resolver de forma práctica por primera vez este problema.

6. De profesión, *minero*

En los últimos años, es fácil conocer a alguien que se autodefine como *minero*. Sin embargo, no encontramos en él ningún parecido con aquellos que trabajan extrayendo mineral de las profundidades de la tierra. Los *mineros* en la red *blockchain* son personas que escriben en la cadena de bloques las transacciones que tienen lugar entre los usuarios utilizando unas reglas de consenso que establecen mecanismos para maximizar la seguridad de la red. Se premia a los agentes que aportan capacidad de cálculo computacional, que es donde reside la seguridad en PoW, y en el caso de PoS, a los que tienen más participaciones comprometidas. A ese proceso se le denomina *minar* o *validar* transacciones. *Minar* es una metáfora en la que se introducen nuevos bitcoines en el sistema a través del trabajo computacional, de la misma forma que los mineros de oro o plata requieren esfuerzo físico para extraer el mineral. Los *mineros* de la *blockchain* conectan un ordenador a una red sobre la que se asienta una criptomoneda determinada y aportan su capacidad computacional para mantener la robustez de la red. Tanto el mecanismo PoW como el PoS requieren ordenadores capaces de hacer cálculos.

Algunos criptoactivos como el bitcoin tienen como base de consenso el algoritmo PoW, mientras que otros como Ethereum han programado un cambio en sus reglas de *minado* y han pasado de funcionar con PoW a hacerlo con PoS a finales de 2022. Los *mineros* que trabajan criptomonedas con el mecanismo PoW necesitan una gran capacidad computacional. El tipo de ordenadores que se han ido empleado para estas redes ha evolucionado desde los de uso general hasta diseños de chips habitualmente en tarjetas gráficas diseñados específicamente para realizar solo el tipo de operaciones que requiere la red de Bitcoin. Incluso se han especializado por diferentes tipos de redes de PoW. Los chips especializados para PoW de Bitcoin no están optimizados para el PoW de Ethereum, que al pasar a PoS redujo el consumo de energía de la red en un 99 %. Cuando hay que escribir en todos los nodos una transacción o un grupo de transacciones entre usuarios en la red *blockchain,* los nodos compiten entre sí por obtener un número que genere una salida concreta a una función preestablecida, dado que no hay una solución matemática automática y dicha función no es invertible. Si uno la encuentra, informa al resto de nodos de la red y estos comprueban que es la solución válida. Entonces, el *minero* que la obtuvo recibe una recompensa y se *mina* la transacción uniéndola al resto en una *blockchain.* Las recompensas son mayores cuanto mayor es la capacidad computacional del *minero,* ya que tendrá más posibilidades de obtener una solución antes que el resto.

Por su parte, las monedas basadas en PoS no tienen *mineros,* sino *validadores.* En PoS se elige casi aleatoriamente el nodo que debe aprobar una transacción (bloque), pero se utilizan determinadas herramientas para que unos *validadores* tengan mayores probabilidades que otros de obtener recompensa. Los criterios para esta diferenciación son objetivos, como el número de moneda almacenada o la antigüedad del participante, aunque pueden definirse otros. Una vez establecidas estas pautas, comienza el proceso de selección de nodos de forma aleatoria y, al finalizar, los elegidos podrán validar transacciones o crear nuevos bloques.

Como hemos visto, la PoS es un proceso completamente distinto al protocolo de PoW. En este, cada uno de sus nodos realiza un arduo trabajo de cómputo para resolver acertijos criptográficos. Por ello necesita grandes cantidades de energía y un equipo especializado. En PoS, por el contrario, esto no se requiere, ya que el proceso resulta mucho más sencillo y el consumo energético es bajo. Por estas razones muchos proyectos *blockchain* están interesados en la actualidad en este nuevo protocolo de consenso. Existen otros protocolos de consenso que se están abriendo paso, como la prueba de humanidad *(Proof of Humanity* [PoH]), donde los nodos validadores deben demostrar que son personas y no máquinas. Esto puede tener sus ventajas en ciertos ámbitos.

Tabla 1.1 Comparativa entre los protocolos de consenso de la cadena de bloques

	Prueba de trabajo (PoW)	Prueba de participación (PoS)	Prueba de humanidad (PoH)
Creadores de bloques	Mineros	Validadores	Humanos
Recursos necesarios	Energía	Criptomonedas o tókenes	Una persona, un voto
Coste de participación	Los del equipo y la energía utilizada	Valor de las criptomonedas o tókenes	Es necesario demostrar que eres humano
Ventajas	• Seguridad robusta debido al equipo y a la energía empleada • Diversificación geográfica • Mayor histórico	• Escalabilidad debido a su eficiencia energética • Mecanismos de defensa ante ataques	No existen desequilibrios: un solo individuo no puede acaparar gran parte de la capacidad de voto
Inconvenientes	Enorme gasto energético	Posibilidad de compra del control de la red	Dificultad para escalar

Las redes *blockchain* son enormes sistemas de confianza e incentivos adecuados. Todos los participantes tienen un aliciente para seguir las reglas: los *mineros* porque reciben una recompensa económica y, en caso contrario, son expulsados de la red (la *minería* y *validación* de criptomonedas reporta ciertos beneficios; de hecho, en España los *mineros* deben darse de alta en el impuesto de actividades económicas); los desarrolladores, porque pueden obtener ganancias por su trabajo si mejoran algún aspecto del diseño, y los tenedores de criptoactivos y tókenes, porque su revalorización les permite mejorar su economía. Como vemos, cada parte tiene un motivo para cumplir su papel, y esa es la clave del sistema: todo funciona con el aliciente adecuado. Es esta red de confianza para desconfiados y el diseño apropiado de los incentivos lo que hace que el sistema crezca.

Además, la *minería* permite que cualquier persona pueda formar parte de la red de mantenimiento de Bitcoin, Ethereum, etc., desde cualquier parte del mundo; solo necesita conectar un ordenador a la red e instalar el programa con las reglas de consenso. La conclusión es que, sin tecnología, nada podría funcionar, pues es ella la que ha creado un sistema de conformidad a través del cual todos los nodos se coordinan sin una autoridad central para mantener la información inmutable y a salvo de cualquier ataque.

Se trata de un sistema de coordinación social que va a generar cambios disruptivos. Esta coordinación social se aprecia cuando un joven gasta sus recursos en conectar su ordenador a una red de miles de ordenadores para minar criptomonedas. ¿Por qué lo hace? Porque existe una red perfecta de incentivos.

7. ¿Qué hay detrás de las criptomonedas?

Todos los detractores de los criptoactivos utilizan esta pregunta para deslegitimar el sistema en su conjunto. ¿Por qué? Porque suele venir acompañada de la siguiente respuesta inmediata: «Nada». Hay quien piensa que no hay nada detrás de los criptoactivos. Incluso aquellos que han invertido en criptomonedas creen que es una entidad superior la que genera los bitcoines de forma caprichosa y arbitraria. Sin embargo, la respuesta correcta a la pregunta anterior es «Depende». No todas las criptomonedas son iguales ni se originan de la misma forma, no todas tienen activos como respaldo ni todos los criptoactivos cuentan con las mismas reglas de generación.

En una conferencia reciente, Christine Lagarde, presidenta del BCE, afirmaba que «las criptomonedas no valen nada porque no tienen detrás a nadie que las respalde». Sin embargo, basta con realizar un análisis superficial para darse cuenta de que hay criptomonedas respaldadas que desmienten esa afirmación tan rotunda. Estas aseveraciones recuerdan a un artículo aparecido en la revista *Newsweek* en 1995 cuya principal tesis era que los sitios web nunca reemplazarían a los periódicos. Pero hoy todos los periódicos de papel gastan más recursos en su sección de Internet que en su sección impresa. La brecha digital que generó el Internet de la información se repite de nuevo con la llegada del Internet del valor.

Hay criptomonedas como el DAI que tienen garantías como respaldo que aseguran que representa el valor de 1 $ (1 DAI = 1 $). En este caso es fácil responder al incrédulo o a Lagarde cuando preguntan qué hay detrás del DAI. También sería fácil contestar que tras la criptomoneda *tether* (USDT) hay dinero *fiat* depositado, y por esta razón es una de las más utilizadas del ecosistema. Asimismo, podríamos invitar a los escépticos a revisar el protocolo de funcionamiento de *PAX Gold,* una criptomoneda que en 2019 se convirtió en el primer criptoactivo canjeable por oro físico.

Por poner otro ejemplo, el código Bitcoin definió con exactitud hace más de diez años los siguientes parámetros:

a. Cuántos bitcoines podrían imprimirse como máximo: 21 000 000.
b. Quién recibiría la nueva moneda impresa: los *mineros.*
c. Cada cuánto se reduciría la recompensa a los *mineros:* cada cuatro años el ritmo de producción de bitcoines se reduce a la mitad.

Quien invierte en bitcoines conociendo el funcionamiento del protocolo sabe, en primer lugar, que nadie imprimirá nueva moneda fuera de las reglas establecidas; en segundo lugar, que los *mineros* son los únicos que recibirán nueva moneda como recompensa por mantener la capacidad computacional y la seguridad de la red, y que, con el paso del tiempo y conforme aumente la cantidad de monedas en circulación, la recompensa disminuirá para mantener el equilibrio de la red y el poder adquisitivo de todos.

¿Cuánto vale hoy Bitcoin? Las empresas pueden valorarse de muchas formas. El valor sustancial representa la inversión que debería efectuarse para constituir una empresa en idénticas condiciones a la que se está valorando. Si quisiéramos generar una compañía con el nivel de seguridad en el almacenamiento y la transferencia de activos exactamente igual, tendríamos que realizar dos inversiones: la primera, comprar todos los ordenadores que hoy soporta la red e instalarlos a lo largo de todo el mundo para hacerla robusta y la segunda, pagar billones de dólares al año para mantener el proyecto. El sistema de incentivos de Bitcoin ha conseguido coordinar socialmente a miles de personas para construir una red eficiente y segura de pagos a nivel global.

La base de los criptoactivos y su principal fuerza frente a las monedas tradicionales reside en las reglas objetivas, públicas y transparentes que rigen su funcionamiento. La segunda gran fortaleza consiste en la seguridad que representa. Probablemente estemos hablando del sistema más seguro del mundo, imposible de detener incluso por gobiernos como el de China. Paralelamente a su seguridad, se deben destacar también la transparencia y la neutralidad efectivas que proporciona: la plataforma se comportará siempre igual ante el mismo estímulo. No todas las criptomonedas son rentables o es positivo invertir en todas. Lo relevante es que cualquier inversor puede acceder al código fuente que genera una criptomoneda y entender su funcionamiento interno, qué algoritmo utiliza para emitir nuevas monedas (o tókenes) y si está respaldada o no con algún tipo de activo. Supone una gran diferencia respecto al dinero *fiat,* ya que en este la decisión de imprimir nueva moneda no está establecida con anterioridad y corresponde, en última instancia, a los bancos centrales.

Todos los criptoactivos se basan en un código informático que define su forma de funcionamiento, desde la manera de emitir moneda hasta la posibilidad de retirarla en determinadas circunstancias. Esta característica ha provocado que muchos ciudadanos hayan decidido utilizar las criptomonedas como depósito de valor. Sin embargo, algunos eventos relacionados con la caída de criptomonedas estables *(stablecoins)* o la bajada en la valoración del bitcoin o del *ether* respecto al dólar han generado cierta animadversión en quienes no conocen el funcionamiento real de lo que hay alrededor de los criptoactivos.

Por este motivo, si retomamos la pregunta ¿qué hay detrás de las criptomonedas?, la respuesta debería ser «Tecnología». La tecnología de código abierto es la que permite que cualquier inversor pueda conocer los detalles de emisión y de retirada de la moneda, el tipo de mecanismo de consenso que se utiliza para *minar* las transacciones o si hay algún activo que respalde los tókenes emitidos. Y esta tecnología ha de analizarse para tomar la decisión de correr o no el riesgo de invertir.

8. Del patrón oro al patrón bitcoin

Si pretendemos comparar las monedas fiduciarias con las critpomonedas, debemos evaluar si los criptoactivos cumplen las tres características básicas con las que debe contar el dinero: ser unidad de cuenta, poder utilizarse como medio de pago y tener un depósito de valor.

En primer lugar, cualquier criptomoneda cumple el requisito de ser unidad de cuenta. Permite tasar un bien en función del número de unidades iguales en las que se valore. En segundo lugar, la utilización de un criptoactivo como medio de pago, aunque residual, hace tiempo que supone una realidad en algunos ámbitos. El último ejemplo es el Gobierno de El Salvador, que ha adoptado el bitcoin como moneda de curso legal. Al margen de la opinión, positiva o negativa, que podamos tener sobre esto, El Salvador ha lanzado un mensaje a los desarrolladores bitcoin de todo el mundo sobre la idoneidad del país de cara a establecerse como un lugar de referencia para ellos. Por último, el dinero debe cumplir una función de depósito de valor, es decir, ha de permitir al tenedor conservar su valor a lo largo del tiempo. Este es quizá el punto más débil de algunas criptomonedas como el bitcoin porque, cuando alguien pregunta qué hay detrás, lo que realmente quiere saber es si existe algún mecanismo que permita mantener el importe de la inversión a lo largo del tiempo.

Esta última afirmación sería matizable ya que se deberían analizar el corto y el largo plazo. Si se desea un valor refugio a corto plazo, la mejor opción sería el dólar, pero si se quiere un refugio a largo plazo, el oro ha conseguido mejor comportamiento pese a su volatilidad en momentos puntuales. En la última década el bitcoin ha sido el mejor activo global como reserva de valor. Es la escasez que presenta como diseño básico la que intenta preservar el valor, pero en cualquier caso, como en el oro, depende de su legitimidad. No sería el primer caso de activo monetario basado en metales que pierde dicha legitimidad. Podríamos citar ejemplos históricos, como el del aluminio.

Todas las monedas sufren fluctuaciones; de hecho, recientemente el euro y el dólar han alcanzado la paridad por primera vez en muchos años. Sin embargo, las grandes fluctuaciones de cualquier criptomoneda respecto al dólar hacen que quepa preguntarse si existen mecanismos que permitan usarlas como depósito de valor.

Hace unos años el economista libanés Saifedean Ammous publicó un libro con un título sugerente, *El patrón bitcoin,* con el que daba a entender que el bitcoin tiene un sistema propio con reglas claras, similar al patrón oro, que durante años se utilizó para mantener el valor de la moneda. Pero, desde que las divisas no están respaldadas por el oro, la política económica ha marcado el valor del dinero. Y esta es la gran diferencia entre una criptomoneda y una moneda emitida por un banco central: mientras este imprime dinero de acuerdo con decisiones de política económica, las criptomonedas tienen definida desde su nacimiento la forma objetiva en la que se imprime la moneda. Y, puesto que este protocolo está funcionando sobre una red *blockchain,* posee un código inmutable que ni siquiera sus creadores pueden modificar una vez que está en funcionamiento. En esta línea, Ammous reflexionaba sobre la emisión de nueva moneda:

«El crecimiento de la masa monetaria está determinado por una función programada adoptada por todos los miembros de la red. Quizá hubo un tiempo en los orígenes de esta moneda en el que este programa de inflación pudo haber sido modificado, pero esa época hace mucho que quedó atrás. A efectos prácticos, el programa de inflación de Bitcoin, así como su registro de transacciones, es inmutable. Si bien durante los primeros años de existencia de Bitcoin el crecimiento de la oferta fue muy alto y la garantía de que la previsión de oferta no se vería alterada no era del todo creíble, conforme pasó el tiempo, la tasa de crecimiento de la oferta cayó; y la credibilidad de la red respecto a su capacidad de mantener esta previsión de la oferta ha aumentado, y continúa creciendo cada día que pasa sin que se realice ningún cambio importante en la red.

Con este diseño tecnológico, Nakamoto fue capaz de inventar la "escasez digital". Bitcoin es el primer ejemplo de un bien digital que es escaso y no puede reproducirse de forma indefinida. Si bien resulta trivial enviar un objeto digital desde un lugar a otro por una red digital, como ocurre con los correos electrónicos, los mensajes de texto y la descarga de archivos, es más exacto describir estos procesos como "reproducción" en vez de "envío" porque los objetos digitales siguen estando con el emisor y pueden reproducirse de forma indefinida. Bitcoin es el primer ejemplo de un bien digital cuya transferencia impide que lo posea el emisor».

Si una criptomoneda puede automatizar su tasa de crecimiento hasta el punto de que la oferta crece por debajo de otras materias primas, como el oro, en el caso de Bitcoin podría tener mecanismos de escasez suficientes para que pudiera considerarse una reserva de valor. Las criptomonedas han creado un concepto nuevo: la escasez digital.

Los criptoactivos cuentan con muchos aspectos que deben mejorarse. Sería enriquecedor un debate sobre estas cuestiones en el que participara toda la sociedad. Sin embargo, la principal crítica de los escépticos de las criptomonedas viene, al igual que ocurría hace treinta años con los detractores de Internet, del desconocimiento profundo de la tecnología.

9. Las criptomonedas estables

La principal crítica que se hace a las monedas electrónicas es su alta volatilidad, como ya hemos visto. En este panorama, las criptomonedas estables han surgido para tratar de reducir la volatilidad de otras, como *ether, litecoin,* bitcoin, etc., y por ello han atraído a miles de inversores. Son un instrumento muy útil para el ecosistema cripto y también para aquellos que buscan un activo digital con riesgo reducido. Sin embargo, reducir la volatilidad de un criptoactivo asociándolo a un valor concreto no es una labor sencilla. Llamar *estable* a una criptomoneda es una paradoja que merece un análisis sosegado, no solo desde el punto de vista económico, sino también tecnológico. En cualquier caso, disponer de una moneda electrónica estable supondría eliminar el principal obstáculo de los criptoactivos para constituirse en depósito de valor.

Al principio, los bancos centrales permitían redenciones de dinero *fiat* emitido por el oro de sus reservas. Posteriormente, informaron de que no admitirían intercambios de dinero por oro, aunque se mantendría la relación entre el *fiat* y el oro. Tras varias reducciones en la relación oro/dinero *fiat,* se comprometieron a mantener el poder adquisitivo a través del IPC y que no fuese necesario el respaldo del metal.

El ejemplo de la evolución del patrón oro sirve para ilustrar los distintos tipos de criptomonedas estables que hay en la actualidad. Básicamente, existen dos:

1. Monedas estables colateralizadas con algún tipo de activo.
2. Monedas estables no colateralizadas con activos.

Tabla 1.2 Tipos de criptomonedas estables

Tipos de criptomonedas estables	Ejemplos
Completamente colateralizadas con dinero *fiat*	*Tether* o USDC
Sobrecolateralizadas con otros criptoactivos y bienes	DAI o LUSD
No colateralizadas y basadas en la elasticidad	Ampleforth
Reservas cripto parciales y basadas en la elasticidad	FRAX

Dentro de las criptomonedas colateralizadas con algún tipo de activo (dinero *fiat,* otros criptoactivos u otros bienes) existen distintas clases de colateralización, es decir, de reducción de la volatilidad. Sin ánimo de entrar en detalle, tenemos ejemplos como el DAI (www.makerdao.com), criptomoneda sobrecolateralizada con criptoactivos cuyo valor está referenciando al dólar (1 DAI = 1 $).

El DAI tiene ciertas ventajas que lo han convertido en uno de los proyectos más importantes del ecosistema de monedas estables. Posee garantías que cubren las subidas y las bajadas bruscas en su valoración. Su protocolo permite construir servicios adicionales basados en ella y su sistema de gobernanza es un ejemplo en cuanto a funcionamiento, ya que los poseedores de tókenes de este tipo (tóken de gobernanza *Maker* [MKR]) forman una organización autónoma descentralizada (*Distributed Autonomous Organization* [DAO]). Esta DAO toma decisiones que afectan al desarrollo de la moneda. Por ejemplo, cambios en el mecanismo de liquidación, resoluciones sobre dónde invertir parte de la liquidez del protocolo, etc. La desventaja es que el DAI necesita un alto grado de garantías y el sistema de liquidación resulta complejo. Es muy recomendable que quienes quieran profundizar en el universo de las criptomonedas estables se sumerjan en la forma de tomar decisiones en la comunidad a través de tókenes de gobernanza MKR.

Las monedas estables colateralizadas con algún tipo de activo también pueden tener dinero *fiat* como respaldo. Es el caso de *tether* o *USD Coin* (USDC), criptomonedas que no están respaldadas por criptoactivos, sino por dinero fiduciario. Esta característica ha conseguido que sean las de mayor liquidez y volumen, puesto que cuentan con la garantía de un colateral estable y aceptado de forma global. Son más eficientes que otras monedas estables, como el DAI: esta siempre tiene un respaldo por encima del necesario, mientras que *tether,* UST o USDC solo requieren el imprescindible.

Sin embargo, las criptomonedas que están respaldadas por dinero *fiat* cuentan con los mismos problemas que el propio dinero *fiat*. Aunque se trate de un criptoactivo, no poseen sus propiedades. No son activos 100 % descentralizados y podrían ser censurados y confiscados. Existe, por tanto, una menor transparencia que en el caso de las colateralizadas con cripto.

Por eso debemos reflexionar sobre la utilidad de este tipo de monedas estables. Si lo que queremos es invertir en dólares, lo mejor es hacerlo directamente y no a través de un criptoactivo que tiene otras utilidades mejores para el ecosistema cripto. Sin embargo, solo unos pocos inversores hacen algo más que negociar con ellas buscando refugio en el dólar que tiene como respaldo. Otra de las ventajas de invertir en criptodólares radica en la posibilidad de acceder a todos los servicios financieros que se ofertan dentro de la arquitectura de las DeFi. Sin tener criptodólares no será posible acceder a los tipos de interés que se pueden encontrar en determinados protocolos de préstamo, por ejemplo.

Hay otro tipo de criptomonedas estables, las no colateralizadas por activos, que mantienen su valor a través de un algoritmo. Son muy escalables debido a que no tienen necesidad de respaldo y están diseñadas con un protocolo que emite y retira moneda en función de la demanda para mantener el valor a 1 $ (en el caso de las ligadas al dólar). Estas criptomonedas podrían estar parcialmente colateralizadas y tener un precio inducido a través de un algoritmo.

Las desventajas de estas monedas electrónicas se visualizaron en 2022 con el caso de Terra Luna. En ocasiones no son capaces de mantener el precio inducido del criptoactivo y entran en una espiral de caída difícil de remontar. Según la opinión de expertos del mercado cripto, la caída de Terra Luna tuvo unas repercusiones para el ecosistema parecidas a las que generó el desplome de Lehman Brothers en el sistema financiero mundial. La causa pudo ser que el público en general no sabía lo que había detrás de cada uno de los criptoactivos.

Los que conocían en detalle su funcionamiento no se extrañaron del colapso de esta criptomoneda estable algorítmica, pero aquellos que no dominaban en profundidad el ecosistema empezaron a hablar del fin de los criptoactivos.

Las criptomonedas estables son un instrumento para la comunidad cripto que permite disponer de un activo que mantiene su valor usando distintos mecanismos, como ya hemos visto. Tienen un gran futuro por delante, pero se enfrentan a desafíos a los que la comunidad debe responder. Su principal reto es mantener el valor al que se han asociado. Hay criptomonedas estables vinculadas a 1 €, 1 $, 1 £ o una onza de oro.

El mecanismo tecnológico mediante el cual se resuelva este reto marcará el futuro de la criptomoneda. La necesidad de liquidez y su utilidad real también son aspectos que analizar. Las criptomonedas estables sobrecolateralizadas serán menos eficientes en capital, pero mucho más resistentes a la censura que las que tienen activos reales detrás. La liquidez y la utilidad del criptoactivo irán a la par: si el proyecto es capaz de ser útil para la comunidad, lo será para captar mayor liquidez.

Los retos se verán influidos por la forma en la que se gobierne la moneda. Los bitcoines o los *ethers* son criptomonedas no estables, tienen unas reglas definidas a través de un código informático que va emitiendo nueva moneda conforme se cumplen unas determinadas condiciones. Su valor es estrictamente el de mercado, sin que nadie intervenga en el precio salvo las fuerzas de dicho mercado. Ni el bitcoin ni el *ether* ni muchas otras criptomonedas no estables necesitan gobernanza más allá de los mecanismos de consenso establecidos (PoW o PoS). Por el contrario, las criptomonedas estables deben estar ligadas a un valor determinado y precisan ir realizando ajustes para que se mantenga.

La gobernanza de las criptomonedas estables también plantea retos legales, tecnológicos y sociales. En el caso del DAI, sus creadores optaron por instaurar una fundación que ha ido transfiriendo cada vez más competencias a una DAO controlada por personas que han comprado tókenes de gobernanza. La liquidez del protocolo, los sistemas de liquidación y cualquier decisión para mantener el espíritu inicial del proyecto se someten a votación. Estos son los desafíos a los que se enfrentarán los proyectos que conocemos hoy y otros que vendrán en un ecosistema que aún está naciendo.

10. Diferencia entre un tóken, una criptomoneda y un tóken no fungible

Para poder avanzar rápido en el mundo de las criptomonedas es fundamental conocer en detalle los conceptos que emplea el entorno y el trasfondo tecnológico que subyace en ellos. Como señalamos anteriormente, todo el ecosistema cripto está basado en la tecnología *blockchain*. Es parecido a cómo Internet se sustenta en la transmisión de señales eléctricas (o de otro tipo) que se codifican en un protocolo a través de un soporte físico para permitir que dos ordenadores puedan enviar y recibir información por una red. La tecnología *blockchain* pone la capa de red y sobre ese sistema se construyen los protocolos y aplicaciones.

Tabla 1.3 Capitalización de las principales criptomonedas

	Criptomo-neda	Precio	Volumen (24 h)	Capitalización	Acciones en circulación
1	Bitcoin	19 325.54 $	27 902 417 005 $	370 663 471 075 $	19 187 981 BTC
2	*Ether*	1336.06 $	12 290 621 597 $	163 498 291 897 $	122 373 863 ETH
3	*Tether*	1 $	38 320 188 183 $	68 462 040 414 $	68 453 108 029 USDT
4	USDC	1 $	2 702 954 593 $	43 912 801 775 $	43 914 202 749 USDC
5	BNB	274.65 $	540 837 952 $	43 749 724 848 $	159 980 300 BNB

Datos a 24 de octubre de 2022.

En primer lugar, hemos de tener claro que cada criptomoneda tiene una red *blockchain* propia donde poder desarrollarse. Esto ocurre así en la mayoría de las criptomonedas del *top* 10 pero cabe introducir una matización: en el caso de USDC no se trata de una criptomoneda en sí, sino de un tóken que puede estar representado en la red Ethereum o en otras redes como Cosmos.

BTC es el tóken de la red Bitcoin, ETH es el de la red Ethereum y XTZ es el de la red Tezos. Cada criptomoneda cuenta con un espacio definido dentro de su propio sistema de ordenadores (*mineros* o *validadores* en función de si utilizan PoW o PoS como mecanismo de consenso para *minar* las transacciones). Por tanto, cada *blockchain* contiene un registro descentralizado del saldo de tókenes de cada usuario. Los nodos de Bitcoin tienen el saldo en bitcoines de los beneficiarios que los poseen, así como los nodos de la red Ethereum cuentan con el saldo de los usuarios que tienen ETH dentro de esa red. Cada *blockchain* opera de forma independiente y aislada. Por eso, en los puntos de intercambio de criptomonedas, como Binance, Coinbase, etc., el beneficiario puede pagar una comisión a la plataforma para que le compre sus tókenes BTC de la red Bitcoin y le venda otros en la red ETH. De este tipo de servicios hablaremos más adelante.

Por tanto, la diferencia básica entre una criptomoneda y un tóken es que, mientras la primera tiene una red *blockchain* propia, el tóken normalmente utiliza una red ajena para desarrollar un producto o servicio.

Por otro lado, la *blockchain* de Ethereum incorporó una funcionalidad que permite a los desarrolladores crear nuevos tókenes de forma fácil y sencilla utilizando un contrato inteligente *(smart contract)* predefinido llamado ERC-20. A partir este contrato es posible generar tókenes soportados en la *blockchain* de Ethereum. Las criptomonedas estables *tether* o USDC o el tóken del *exchange* de Binance BNB son algunos ejemplos de la potencia del ERC-20 a la hora de ser el soporte para otros tókenes con reglas propias sobre la red Ethereum. En Etherscan.io es posible consultar los más de medio millón de tókenes que se han desarrollado sobre esta *blockchain* a través de este método.

Los desarrolladores de Ethereum crearon este contrato inteligente pensando en que la comunidad cripto necesitaría un estándar para desarrollar proyectos que no tenían por qué contar con una *blockchain* propia. Por tanto, dentro de la red Ethereum ocurre algo que no se da en la de Bitcoin: los nodos son capaces de llevar una contabilidad paralela de otros tókenes además de la del *ether,* que es el principal de esa red, teniendo cada uno su unidad de cuenta. Los desarrolladores pueden lanzar un tóken propio con nombre y reglas propios sobre ERC-20 sabiendo que estará garantizado por la transparencia, la trazabilidad y la seguridad que permite la red Ethereum.

Seguro que, a pesar de ello, muchos de los lectores estarán deseando lanzar su propio tóken sobre Ethereum. Sin embargo, hemos de advertir que este lanzamiento no es gratis. La red cobra a los usuarios una pequeña cuota en *ether* cada vez que alguien quiere escribir sobre la *blockchain*. La cantidad de *ether* consumidos varía en función del nivel de congestión de la red.

Hay otra clasificación en función de la utilización que tengan los tókenes en nuestro poder. Por un lado están los *utility tokens* y, por otro, los *security tokens*.

Los primeros no tienen una función de representación de un valor (una acción, un bono, etc.). Estos *utility tokens* se usan normalmente para adquirir productos o servicios en la Intranet de determinadas plataformas y solo tienen valor dentro de ellas. Constituyen la promesa de prestación de un producto o servicio. Serían algo así como fichas de feria que únicamente podemos usar en un número de atracciones determinado. Por otro lado están los *security tokens,* que son los que despiertan recelos en los organismos reguladores porque tienen la capacidad de representar un valor dentro del mercado y, por tanto, pueden comportarse igual que una acción o un bono: pueden entregar dividendos o participar de la toma de decisiones del protocolo.

Los tókenes definidos anteriormente entrarían, a su vez, en la clasificación de tókenes fungibles. Son bienes de carácter fungible los que pueden ser sustituidos por otros de los mismos tipo y naturaleza. Un bitcoin puede ser sustituido por otro bitcoin que tiene exactamente el mismo valor, por ejemplo.

La tecnología *blockchain* permite transferir tókenes fungibles, lo que soluciona el problema del doble gasto; es decir, cuando enviamos un bitcoin no mandamos una copia, sino el original. Y en un monedero electrónico podemos almacenar bitcoines, *ethers, cardanos, tethers,* etc.

La evolución natural de esta tendencia ha sido la creación de los NFT, que no se consumen con su uso ni pueden ser sustituidos por otro bien equivalente. Por ejemplo, las obras de arte: son únicas e irreemplazables en el mundo físico; y también los NFT financieros, desde un contrato entre dos partes hasta una prueba de propiedad. Con este sistema también es posible almacenar en la red activos digitales únicos y su poseedor podrá demostrar ser el único propietario.

Un NFT es normalmente una imagen, pero puede ser cualquier otro activo digital único que circule por la red. La venta de los NFT por valores astronómicos (millones de euros) ha provocado que muchas personas se pregunten las razones por las que alguien compraría una imagen digital por un precio tan elevado, mientras que otras han tachado el procedimiento de estafa piramidal. Pero si nos centramos en aplicar la tecnología de los NFT a la mejora de los procesos económicos y sociales, descubrimos una capacidad que va más allá de la compra de imágenes o dibujos de dudoso gusto. Más adelante hablaremos del gran potencial que existe en el desarrollo de estos tókenes en sectores como el del espectáculo, la educación, la sanidad o el entretenimiento.

Tabla 1.4 Características principales: tóken, criptomonedas y NFT

Criptomoneda	Tóken	Tóken no fungible (NFT)
Tiene una *blockchain* propia Criptoactivo fungible	Normalmente se desarrolla sobre una red *blockchain* no dedicada *Utility token* o *security token*	Es un activo digital único Puede ser una imagen, un vídeo o un archivo multimedia

11. Economistas que aprenden de tecnología y tecnólogos que aprenden de economía

Contar con una tecnología que permite intercambiar criptoactivos es revolucionario, pero se requiere cierta dosis de coordinación social para ordenar los mercados de este tipo de activos de forma automática. Tras disponer de dinero para comprar y vender, la evolución natural fue la creación de los bancos; de la misma manera, la evolución natural de los criptoactivos ha sido la creación de *exchanges* mundiales de criptomonedas donde cualquiera puede intercambiar unos tókenes por otros o comprarlos y venderlos por dinero *fiat*. La revolución de los criptoactivos no solo es económica ni se limita a la confianza que un grupo de ciudadanos posea en un momento determinado en un medio de pago; la revolución de los criptoactivos tiene que ver con la tecnología, no con la suerte en un casino.

A finales de 2022 y principios de 2023, cuando la revolución tecnológica de la *blockchain* y los criptoactivos comienza a ser exponencial, resulta misión imposible encontrar desarrolladores de *software* especializados en criptoeconomía en el actual mercado laboral. La demanda cada vez es mayor, pero la oferta de profesionales en el mercado resulta pequeña.

Los economistas que no sepan leer un contrato inteligente, que no conozcan los distintos tipos de *blockchains* o que no entiendan el mecanismo tecnológico con el que se estabiliza el precio de las monedas estables seguirán pensando que invertir en criptomonedas es como ir a jugar al *blackjack*. Estos profesionales estarán en desventaja para competir en el mundo que viene. En la otra cara de la moneda, si no conseguimos implicar a los ingenieros y desarrolladores en la creación de nuevos proyectos con un marcado carácter de mejora económica y social para un país, podremos tener herramientas tecnológicas de primera, pero totalmente desorientadas.

Por ello, adaptar los planes de estudio y las carreras profesionales a las demandas venideras del mercado es clave para todo país que quiera posicionarse como referencia en la sociedad del futuro. España ya no va a poder liderar la revolución de los microchips o los semiconductores ni tampoco la del 5G o la del vehículo autónomo. Sin embargo, si orientamos nuestro sistema formativo para potenciar las vocaciones en materia tecnológica, estaremos en disposición de convertir Europa en un lugar donde formar a los mejores desarrolladores de *software* del mundo.

En este sentido, es importante incluir en las escuelas de ingeniería y en las universidades formación económica que ayude a despertar en el estudiante la inquietud por formar parte de equipos multidisciplinares. De la misma manera, resulta fundamental que en las escuelas de economía se enseñen las opciones que la tecnología brinda hoy al tejido productivo. Este proceso abriría un nuevo abanico de posibilidades a todos los interesados en la creación de valor en este ámbito.

Esta tarea requiere altas dosis de conocimiento de la tecnología y la orientación de todo el sistema productivo hacia el objetivo del que estamos hablando. En definitiva, tecnólogos, economistas, sociólogos, expertos en *marketing* y un largo etcétera deben trabajar juntos para sacar el máximo partido a esta herramienta, cuyo potencial está aún por despertar.

2
El Internet del dinero, base de un nuevo sistema financiero

La tecnología *blockchain* permite intercambiar valor entre dos usuarios sin un sistema central jerárquico. Sobre este hecho se está construyendo un nuevo sistema financiero con reglas objetivas basado en un elemento fundamental y disruptivo: el contrato inteligente. En este capítulo se pretende:

- Describir el nacimiento y la evolución del nuevo sistema financiero basado en el intercambio de valor no centralizado por parte de los usuarios.
- Explicar la forma en la que los elementos de este ecosistema se relacionan entre sí y las reglas que rigen este nuevo sistema financiero.
- Establecer qué consecuencias tiene el nacimiento de este nuevo sistema financiero para ciudadanos, empresas y gobiernos.

El nacimiento de Internet permitió intercambiar información entre dos o más usuarios a través de una red. Sobre esta base, el trabajo de miles de desarrolladores y empresas posibilitó el nacimiento de nuevos productos y servicios: desde las redes sociales hasta la compra en línea, pasando por los servicios de *streaming*.

Durante el nacimiento y el crecimiento de Internet pocos fueron capaces de percibir lo que significaba ese hecho o las consecuencias económicas y sociales que tendría. Sustituir el correo ordinario por el electrónico era la funcionalidad más importante que la mayoría veía en este nuevo avance. Algunas personas pensaron en trasladar modelos de negocio tradicionales directamente a la Red con las mismas características del mundo físico. Sin embargo, determinados visionarios se dieron cuenta de que sobre el intercambio de información a través de una red debían desarrollarse otros servicios necesarios para los usuarios en el futuro y en todo tipo de sectores, desde el ocio hasta las finanzas.

El Internet de la información en manos de personas con visión a largo plazo permitió el nacimiento de los servicios de Google, Facebook, Amazon o los juegos en línea, por ejemplo. Todos registraron una evolución rápida, ya que la versión que hoy conocemos de estas aplicaciones no se parece absolutamente nada a la que tenían cuando comenzaron. Evolucionaron al tiempo que Internet, perfeccionando sus funcionalidades conforme se desarrollaban nuevos protocolos y redes y mejores tecnologías.

Más de veinte años después del nacimiento del Internet de la información, el mundo ha empezado a contemplar el desarrollo del Internet del dinero. Al igual que el intercambio de información permitió el nacimiento de una nueva generación de productos y servicios, el intercambio de valor a través de la Red posibilita una nueva generación de productos y servicios financieros. Sobre la base del intercambio de un activo monetario entre dos personas sin que tenga que mediar un tercero de confianza se está creando un enorme sistema financiero sobre las redes *blockchain*. Y es una tendencia que irá a más en el futuro.

En la actualidad, muchas personas piensan en las criptodivisas como un producto que comprar barato y vender caro. Las conversaciones cotidianas sobre el bitcoin o el *ether* giran en torno a su valor respecto al dólar. Ha «bajado» o ha «subido» hoy el bitcoin, el *ether* o *cardano*. Incluso los iniciados en el mundo cripto han asumido como normal que la única forma de incrementar sus activos sea comprar criptomonedas «baratas» y venderlas «caras». Es decir, hacer *trading*. El público en general considera que una subida en la valoración de las criptomonedas respecto al dólar genera beneficios para los que compraron y una bajada genera pérdidas. Esto puede tener cierta lógica, puesto que, si alguien adquiere bitcoines cuando el mercado valora la unidad de esta moneda en 20 000 $ y tiempo más tarde alcanza los 50 000 $, podemos interpretar que el comprador ha ganado poder adquisitivo si lo vende. Sin embargo, no es tan simple. Hay otras muchas formas más interesantes de sacar partido a los criptoactivos sin tener que exponerse a los vaivenes del mercado. Me atrevería a calificar el *trading* de residual en volumen comparado con DeFi.

Por eso cuando alguien inicia una conversación sobre la subida o la bajada del bitcoin, el *ether* o cualquier otra criptomoneda, mi respuesta siempre es la misma: «¿Y qué?». Los potenciales del Internet del valor y de la criptoeconomía no se basan en una alta valoración del bitcoin en un momento determinado, sino en la tecnología que permite la creación de un sistema de interconexión entre usuarios. Si podemos intercambiar valor por la Red, se abren muchas opciones más allá del simple pago. Es posible articular mecanismos que permitan otorgar préstamos a través de un contrato inteligente programado sobre la tecnología *blockchain* bajo determinadas condiciones pactadas e inmodificables y también lo es pedir prestados criptoactivos a otra persona dejando una garantía bloqueada en un contrato inteligente y recibiendo una contrapartida por ello.

Los servicios asociados a las DeFi están cambiando el sistema financiero mundial por completo. Ya hacen competencia a la banca tradicional e incluso consiguen llegar allí donde el sistema no lo hace. Hoy es posible pedir una hipoteca sobre un activo real en criptomonedas desde cualquier parte del mundo, quienes no tienen acceso al sistema bancario pueden solicitar créditos y hay protocolos que permiten al propietario cobrar por adelantado cuotas del alquiler en criptomonedas para garantizar la renta. Cualquier producto o servicio financiero dentro del ecosistema tiene las características de los contratos inteligentes y los criptoactivos: son abiertos, transparentes, sin censura, neutrales y sin fronteras. Cualquiera puede diseñar productos de forma totalmente descentralizada y transparente y ofrecerlos a un mercado global donde no existen barreras.

Los servicios asociados a las DeFi están cambiando el sistema financiero mundial por completo. Consiguen llegar allí donde el sistema no lo hace.

Si pensamos en la sociedad tradicional, donde el sistema financiero está consolidado y permite a muchos ciudadanos acceder a productos bancarios o servicios de inversión, quizá no percibamos en un primer momento un cambio importante con la irrupción del ecosistema DeFi. Sin embargo, hay una gran parte del mundo a la que no llega el sistema financiero actual, donde no es posible disponer de crédito para acometer proyectos y no existen organismos reguladores que garanticen el buen funcionamiento de las instituciones financieras. Allí quizá DeFi cambie la vida de las personas. Un pequeño ejemplo de lo que este ecosistema puede generar en el futuro es el proyecto EthicHub, que permite acceder al crédito a agricultores dedicados a plantar café. Se desarrolla en México, Brasil y Honduras y da apoyo a 21 comunidades. Entre las personas que utilizan estos servicios financieros existe una tasa de impago del 1.2 % que, además, está 100 % asegurada. Hay negocios tradicionales con más tasa de impagados que este.

Como hemos visto, conectar el capital con quien necesita financiación a través de una estructura transparente, descentralizada y abierta es una de las posibilidades que brinda la tecnología *block-chain* a través del ecosistema DeFi. Sin embargo, igual que la brecha digital que generó el Internet de la información ha impedido a muchas personas acceder a un mundo de servicios, la brecha digital que provocarán el Internet del valor y la llegada de los criptoactivos tendrá consecuencias más graves. Por desconocimiento, por recelos o por desconfianza muchas personas perderán la oportunidad de ser los primeros en aprovechar las oportunidades para captar los recursos que ofrece este ecosistema.

Desde 2018 los proyectos asociados a DeFi han crecido de forma exponencial. En algunos casos, han permitido la unión entre productos de finanzas tradicionales y el ecosistema cripto. Hemos asistido al nacimiento de servicios de préstamos autopagables como Alchemix, sistemas de intercambio de tókenes descentralizados (*exchanges* descentralizados [DEX]) como Uniswap o SushiSwap e incluso plataformas de préstamos sobre activos reales como Centrifuge. De todo ello hablaremos en secciones posteriores. Hemos de tener presente que, siguiendo con la analogía del nacimiento de Internet, estamos en los inicios de las primeras páginas web o en aquellos momentos en los que solo unos pocos tenían correo electrónico. Cuentan que la primera persona que propuso crear una página web en McDonald's fue despedida. Hoy todos queremos aparecer en las primeras posiciones de las búsquedas de Google.

1. Las finanzas descentralizadas: un enorme sistema de confianza para desconfiados

Hay muchos ambientes donde podemos comprobar la enorme brecha digital que se está generando con el avance de la criptoeconomía y la tecnología *blockchain*. Uno de los términos más repetidos cuando alguien introduce las criptodivisas como tema de conversación suele ser *confianza*. La conversación con alguien que no conoce lo suficiente el mundo del Internet del valor suele iniciarse con un «¿Pero tú te fías de eso?». Es una pregunta clave, más de lo que podamos imaginar en un principio, porque, si en algo se basan la tecnología *blockchain,* los contratos inteligentes y, por tanto, la criptoeconomía, es en la confianza. Como ya dijimos, se trata de un enorme sistema de confianza para desconfiados.

Las DeFi son un conjunto de herramientas que constituyen un ecosistema financiero construido sobre la criptoeconomía y la *blockchain*. La definición clásica describe las DeFi como un movimiento que se apalanca en el *software* abierto en redes descentralizadas abiertas para transformar los tradicionales productos bancarios o *fintech* en protocolos transparentes y confiables que operan sin necesidad de intermediarios y habitualmente gobernados por DAO. A estas herramientas se las suele llamar *protocolos*.

Como ya se ha indicado anteriormente, este ecosistema permite a distintas partes relacionarse entre sí intercambiando activos y servicios financieros sin necesidad de que una autoridad central (banco o similar) tenga que arbitrar mecanismos de confianza entre ellas. ¿Qué hace entonces que funcione de forma adecuada? ¿Cómo es posible que cientos de miles de personas realicen transacciones y establezcan acuerdos financieros sin conocerse de nada y sin que exista una autoridad central que dote de garantías al proceso? Gracias a que el usuario tiene confianza en la tecnología que hay detrás de cada herramienta, en el propio sistema donde se realiza la transacción. No hay margen para que la contraparte incumpla lo firmado o se desvincule de sus obligaciones porque los compromisos en el ámbito cripto son algo más que una firma ante notario: se trata de compromisos con el sistema. Estas plataformas son aplicaciones descentralizadas basadas en contratos inteligentes que se ejecutan sobre redes *blockchain;* por tanto, todo el contenido es inmutable y el contrato inteligente se ejecuta incluso a pesar de la voluntad de las partes.

Pedir un préstamo en criptodivisas no es muy diferente de mandar un correo electrónico a una persona. Poco sabemos sobre la forma en la que los paquetes circulan por la Red y nada sobre el tipo de cifrado que emplean e incluso desconocemos la dirección IP desde la que enviamos el correo electrónico; simplemente confiamos en el sistema porque sabemos que hay tecnología detrás que se encarga de traducir nuestro texto en ceros y unos para que viaje cifrado por la red hasta nuestro destinatario. En la criptoeconomía ocurre lo mismo, pero de una forma mucho más abierta y transparente, ya que la mayoría de las aplicaciones comerciales no tienen disponible el código fuente, mientras que cualquier usuario puede comprobar el código informático que hay detrás de AAVE, SushiSwap o cualquier otro servicio de la web3. Aplicaciones como AAVE[1] otorgan cientos de millones de dólares en préstamos cada día y otras como SushiSwap permiten a los usuarios intercambiar tókenes gracias a la liquidez que suministra otro beneficiario de forma descentralizada. Profundizaremos más adelante en los distintos servicios que ofrecen este tipo de finanzas.

Sin embargo, aún existen muchas personas que desconfían de este sistema. Diversos estudios sobre el pago en línea han detectado que, aun en nuestros días, más del 50 % de las personas que compran por Internet no finalizan el proceso por desconfiar del sitio web o del método de pago.

El avance de las DeFi y sus posibilidades están agrandando la diferencia entre quienes conocen en profundidad el ecosistema, el lenguaje y la tecnología y aquellos que no creen en ellos. La desconfianza en este ámbito y, por tanto, la brecha digital han de combatirse con formación e información, tomando medidas urgentes y a corto plazo que eviten desigualdades futuras insalvables:

1. Facilitar el acceso de pymes y ciudadanos a los medios tecnológicos y formativos necesarios para conectarse a Internet con garantías.
2. Promover ecosistemas de innovación basados en los nuevos servicios financieros derivados de las DeFi.
3. Impulsar la conexión entre los operadores del mundo cripto y los reguladores para que la brecha digital del regulador no afecte a las oportunidades de crecimiento de los países.

La brecha digital que pueden sufrir pymes y ciudadanos es preocupante, pero será más peligrosa si los organismos reguladores de los países llegan tarde a entender y hacer frente a los retos que supone la irrupción de este tipo de tecnologías.

2. ¿Cómo saber si una web pertenece al ecosistema web3?

A principios de 2022 asistí a un coloquio de Alberto G. Toribio y Jesús Pérez, dos reconocidos expertos en el ecosistema cripto, donde ofrecieron varias claves sobre la diferencia conceptual entre la web2 y la web3 que suelo repetir en mis conferencias.

La web2 está asentada sobre protocolos como TCP/IP. Se trata de protocolos extremadamente sencillos cuyo único objetivo es entregar mensajes de un extremo a otro y garantizar su integridad. Las aplicaciones aportan el resto de servicios, sean de seguridad o de otro tipo. Por ejemplo, en el caso del WhatsApp, el protocolo de Internet solo se encarga de enviar paquetes de información de un extremo a otro. Es la aplicación la que añade todas las funcionalidades adicionales que aportan valor: desde el cifrado de extremo a extremo hasta la videollamada o el envío de audios. Por eso en la web2 lo que realmente tiene utilidad y en lo que las empresas invierten es en las aplicaciones.

Sin embargo, en la web3 ocurre lo contrario. La aplicación es un programa sencillo que simplifica el protocolo para facilitar la interacción con el usuario, mientras que el protocolo es la clave. Esto es así en la mayoría de las criptomonedas, y también en el caso del bitcoin diseñado por Nakamoto, que permite una coordinación social sin precedentes entre todos los actores del sistema. Hay un protocolo robusto que fija claramente el papel que desempeñan los *mineros,* cuántos bitcoines se imprimen cada vez, cómo se coordinan los nodos para realizar las transacciones y qué tipo de relación hay entre *mineros,* desarrolladores y usuarios. Establece también la forma de dirimir las posibles discrepancias o propuestas de mejora por parte de la comunidad. Por tanto, en la web2 el esfuerzo del desarrollo, la inversión y la rentabilidad se centra en las aplicaciones, mientras que en la web3 está orientado a mejorar los protocolos.

web2	web3
	Aplicaciones
Aplicaciones	Protocolo
Protocolo	

En la web3 el usuario no se identifica por una IP asignada a su ordenador en Internet o por la dirección MAC de un dispositivo físico, sino por la cadena alfanumérica de su monedero electrónico:

- 0x8I1915695B1ad0bfE710B7c1480dfdCB61b60bTE es la dirección de un monedero web3 *(wallet)* que identifica a un usuario.
- 192.168.0.1 es una dirección IP que identifica un dispositivo dentro de una red.
- ES99 1234 5678 9012 3456 es una dirección que identifica una cuenta bancaria.

De esta manera, una web3 nos pedirá que conectemos nuestro *wallet* cripto para identificarnos antes de llevar a cabo cualquier tipo de acción en el ecosistema DeFi, como la participación en una DAO o la transferencia de criptoactivos. Es un proceso parecido al que tiene lugar cuando, para navegar en una web o enviar y recibir información, es necesario identificarse con una dirección IP. Lógicamente, un usuario puede tener más de una dirección de *wallet* donde ir almacenando criptoactivos.

3. ¿Qué hay detrás de una dirección de un monedero web3 formada por una cadena alfanumérica?

La dirección de un monedero electrónico es similar a los veinte dígitos de una cuenta bancaria: identifica a un usuario, pero no revela su identidad real, ya que se utiliza como un alias. Por ejemplo: 0x8I1915695B1ad0bfE710B7c1480dfdCB61b60bTE. Esta dirección puede ser compartida públicamente sin peligro. Sin embargo, hemos de entender las consecuencias de compartir nuestra dirección cripto. A partir de ese momento estamos permitiendo a cualquiera cotillear nuestra cuenta corriente. Dar nuestra dirección pública significa proporcionarle a cualquiera la clave de nuestro banco para hacer consultas sin que pueda transferir dinero. Un *wallet* posee una clave pública y otra privada relacionadas entre sí para que el usuario transfiera criptoactivos cuando lo desee, algo así como el código pin cuando vamos a pagar con tarjeta. Por otro lado, mientras en la cuenta bancaria las divisas almacenadas están protegidas por la entidad financiera mediante un sistema de seguridad, en los monederos electrónicos las criptodivisas se hallan custodiadas por un sistema criptográfico.

Al igual que no hay dos cuentas bancarias iguales, no hay dos *wallets* iguales y cualquier usuario puede crear tantas direcciones como desee. Existen distintas formas de disponer de un monedero cripto. Es posible tener desde *wallets software,* como MetaMask, que almacenan la clave privada en un servicio web, hasta *wallets hardware,* como Ledger, que lo hacen en un dispositivo físico. En este punto es importante destacar que los criptoactivos no están almacenados físicamente en el monedero, sino en la red *blockchain* correspondiente. La dirección permite a un usuario concreto identificar el saldo en criptoactivos que está registrado dentro de la *blockchain* y la clave privada asociada a dicho *wallet* posibilita dar la orden de transferir criptoactivos a otra dirección. Por tanto, sea cual sea el sistema de almacenamiento o gestión que se utilice, los activos digitales se envían y reciben empleando la misma tecnología.

Con toda seguridad el 99 % de los lectores no han probado nunca la primera versión de Windows. Solo los que disponían de un ordenador en aquellos años conocen este sistema operativo y pudieron darse cuenta del potencial disruptivo de los ordenadores personales. Muchas personas comenzaron a interaccionar con los ordenadores a través de Windows 95, una versión bastante avanzada de productos anteriores. Con las interfaces actuales de gestión y compra de criptoactivos pasará lo mismo: servirán para que los entusiastas de esta tecnología puedan comprobar su gran potencial de cambio, ya que son una base para construir nuevos servicios más sencillos, pero todavía falta un tiempo para que llegue el «Windows 95» que permita al gran público acercarse a la tecnología *blockchain* de forma fácil e intuitiva. Nadie es capaz de poner fecha, pero existe el consenso generalizado de que acabará ocurriendo.

4. Comprar bitcoines o comprar pesos argentinos

Hay quien descalifica las criptomonedas utilizando términos como *estafa piramidal* o *burbuja*. En el ejemplo de la introducción vimos cómo se comparaban con las fichas de un casino. Haciendo un análisis sosegado, quizá alguna de las criptomonedas o tókenes que se han lanzado al mercado podrían denominarse así por su falta de consistencia. Sin embargo, también podríamos reflexionar sobre las monedas *fiat* de países que tienen a su población sumida en la miseria debido a una mala política monetaria que ha devaluado su divisa hasta límites difíciles de sostener.

En un artículo, el economista Daniel Lacalle reflexionaba sobre ello: «Cuando un Estado crea una moneda sin el respaldo de reservas reales ni demanda, destruye el dinero». Lacalle argumentaba que «cuando el Gobierno emite moneda —promesas de pago— que no son ni un depósito de valor ni un medio de pago generalmente aceptado ni una unidad de medida, no solo no crea dinero, sino que lo destruye, hundiendo el poder adquisitivo de los pobres ciudadanos cautivos, que se ven obligados a aceptar sus billetes y papelitos (funcionarios, pensionistas, etc.)». Podríamos usar este mismo razonamiento para juzgar si una criptomoneda tiene la posibilidad de funcionar como depósito de valor, como medio de pago o como unidad de cuenta. Si invertir en una moneda *fiat* creada sin respaldo de reservas reales o sin demanda es una forma de hacer desaparecer nuestro dinero, invertir en una criptomoneda sin demanda, reservas reales o utilidad tendría el mismo efecto en nuestro bolsillo.

Esta reflexión evidencia el contexto real en el que debemos movernos. La lucha no es entre monedas *fiat* y criptomonedas: la decisión de invertir ha de basarse en un análisis sosegado de las características del activo, sea cripto o *fiat*. La manera de estudiar cada uno son muy distintas. En el caso de las criptomonedas, tenemos que analizar sobre qué *blockchain* están soportadas y si tienen algún respaldo. Como ya hemos visto, hay criptoactivos respaldados por dinero *fiat,* por criptoactivos diferentes o por bienes reales, mientras que la fuerza de otros reside en un diseño capaz de retener el valor gracias a las reglas objetivas de emisión/retirada. También debemos investigar el modo de emitir y retirar la moneda contenida en el código de su contrato inteligente. Es fundamental conocer su *token economics* o *tokenomics,* es decir, el conjunto de parámetros que determinan las características de los criptoactivos tókenes, criptográficos o criptomonedas para crear valor económico.

La lucha no es entre monedas *fiat* y criptomonedas: la decisión de invertir ha de basarse en un análisis sosegado de las características del activo, sea cripto o *fiat*.

Por otro lado, en un documento llamado *whitepaper,* del que debe disponer cualquier criptomoneda seria, se describen los factores que influyen en el uso del tóken y su valoración. Así, en el *whitepaper* se especifica la manera de emitir o retirar unidades del tóken en función del cumplimiento de determinados parámetros objetivos que tienen que estar bien predefinidos. Este tipo de diseño suele definirse basándose en sistemas de incentivos que pasan por entender cómo se emiten los tókenes, a qué actores se entregan y cuándo se aplican o no penalizaciones.

5. ¿Qué es el *whitepaper* de una criptomoneda?

Dentro del mundo de las criptomonedas, el *whitepaper* constituye el núcleo central de un proyecto. Es un documento muy técnico, ya que describe de forma detallada todos los aspectos relacionados con la criptomoneda, cómo funciona, los mecanismos de emisión y retirada y las posibles interacciones con otros protocolos. Sirve de base para explicar su filosofía, puesto que define en qué consiste la propuesta, qué soluciones aporta y qué mecanismos utiliza. Asimismo, incluye las previsiones de desarrollo futuro, una hoja de ruta clara, el número de tókenes que se van a emitir, etc. No resulta, por tanto, sencillo ni apto para todo el mundo: requiere una base de conocimiento. El *whitepaper* no está estandarizado o normalizado. Cada proyecto es soberano a la hora de decidir el formato, la información que debe incluir y los contenidos que se van a desarrollar. Hay *whitepapers* como el de Bitcoin[2] que están condensados en nueve páginas, mientras que otros, como el de Ethereum[3] o el de Solana[4], tienen una extensión mayor.

Cuando un inversor tiene interés en un criptoactivo, basará su decisión de confiar o no en él según su *whitepaper*. Esta es una gran diferencia entre una criptomoneda y una moneda fiduciaria. Cualquiera con conocimientos técnicos puede predecir el comportamiento de una criptomoneda leyendo su *whitepaper*. Como se verá más adelante, esto es así porque las reglas son objetivas, se basan en un código informático y son conocidas por todos. Muchas de las criptomonedas también definen el nivel de gobernanza que van a permitir en el futuro. Por ejemplo, se somete a votación incluir colaterales en MakerDAO (que gobierna la criptomoneda estable DAI) una vez que se ha pasado un análisis desde el equipo de riesgos. Las votaciones en las criptomonedas están muy minimizadas. Así, es muy difícil introducir cambios sobre aspectos como si se imprimen más o menos bitcoines. Los criptoactivos tienen una constitución que no puede cambiarse y unas leyes que pueden ir variando de forma mínima si la comunidad las aprueba a propuesta de alguien. Las monedas fiduciarias como el dólar o el euro no cuentan con un mecanismo objetivo que decida su emisión o retirada y dependen de la voluntad, más o menos acertada, de los bancos centrales.

Hay muchos ejemplos de países en los que su propia divisa ha quedado superada por el uso cotidiano que los ciudadanos hacen del dólar. Es el caso de Cuba, donde la inflación ha llegado a alcanzar un 6500 %, del bolívar de Venezuela o del desaparecido sucre en Ecuador. Los ciudadanos han preferido usar el dólar porque no confiaban en que su propia moneda funcionase como depósito de valor. Y, al igual que el dólar ha desplazado a monedas de determinados países, también puede ocurrir con algunas criptomonedas en países concretos. La transparencia en las reglas de emisión, la descentralización, la objetividad, la resistencia a la censura o la imposibilidad de ponerle fronteras son características que muchos ciudadanos están empezando a valorar a la hora de sustituir su moneda por el bitcoin o por criptomonedas estables ligadas al dólar, como el USDC o el DAI.

6. El contrato inteligente, la base del sistema; los criptoactivos, el combustible

Ya ha quedado claro que la base de cualquier sistema económico es la confianza. En la ordenación financiera tradicional, las transacciones entre empresas y/o particulares se realizan mediante contratos firmados entre las dos partes de obligado cumplimiento que normalmente cuentan con cláusulas que comprometen a los firmantes bien a pagar, bien a prestar un servicio. Suelen estar sujetos a la legislación de cada país y cualquiera de los interesados puede denunciar su incumplimiento ante los tribunales de justicia. Pero los contratos tradicionales tienen algo que los hace vulnerables: su ejecución depende de la voluntad de los firmantes. Dicho de otra forma, cuando alguien llega a un acuerdo con otra persona para ofertar o recibir un servicio, el pago no está supeditado a que este servicio haya sido prestado de forma satisfactoria, sino a la voluntad de una de las partes de pagar.

Por el contrario, la principal característica de un contrato inteligente es que, una vez firmado, se ejecutará siempre basándose en lo acordado, incluso a pesar de la voluntad de las partes. Un contrato inteligente es una porción de código sobre la que se fundamentan todas las relaciones en la *blockchain* y la criptoeconomía. Las reglas del contrato deben poder ser implementadas en un lenguaje de programación y, una vez firmado el contrato, nadie puede modificarlo, ni siquiera sus propietarios, y su ejecución no depende de un tercero, sino únicamente del código escrito y pactado. Ninguna persona tendrá posibilidad de parar su ejecución, retirar sus fondos o cancelarlo, ya que estará grabado sobre la *blockchain* que garantiza su inmutabilidad. Los criptoactivos permiten que esos contratos contemplen el intercambio de valor que sería imposible sin dinero cripto. En este capítulo se exponen ejemplos que mejorarían los servicios en sectores como la agricultura, la logística o los seguros.

Gráfico 2.1 Diferencias entre un contrato tradicional y un contrato inteligente escrito en código.

Imaginemos cualquier transacción de importación o exportación de productos hortofrutícolas, minerales o de otro tipo. Con un contrato normal, el comprador debe ejecutar el pago una vez que disponga de la mercancía. Sin embargo, pueden existir condicionantes que provoquen que este pago no se produzca aunque el producto haya llegado a su destino: tal vez el interesado considere que está en mal estado, que no se ajusta a lo pactado, etc. Si en este tipo de operaciones el comprador y el vendedor firmasen un contrato inteligente, la posibilidad de incumplimiento se reduciría a la mínima expresión. En él se deberían definir las condiciones de humedad, temperatura, presión, etc., que la mercancía habría de mantener durante el trayecto, y estas variables podrían medirse de forma constante a través de dispositivos conectados al contrato inteligente, que actúa como fideicomiso. Sería posible, por tanto, que las partes pactaran cualquier variable objetiva y medible que pudiera obtenerse sin intermediarios. Por otra parte, el comprador habría depositado unos fondos en el contrato que se hubieran quedado bloqueados a la espera del cumplimiento de las condiciones acordadas.

Sin disponer de criptoactivos sería imposible que pudieran realizarse estas operaciones, ya que no se puede programar un contrato inteligente y realizar el pago en dinero *fiat*. En el ejemplo anterior, el dinero pasaría directamente del contrato al vendedor sin que el comprador pudiera evitarlo, siempre y cuando el cumplimiento de las condiciones pactadas hubiera sido verificado automáticamente por el contrato inteligente. Este ejemplo muestra la automatización y desintermediación que supone la llegada de este tipo de contratos, que, además, no solo sirven para establecer relaciones entre dos o más personas, pues son mucho más que eso.

Su utilidad va más allá, ya que se trata de uno de los elementos clave del lenguaje de programación Solidity para establecer mecanismos de actuación entre los protocolos y los usuarios que interaccionan con el sistema. Solidity, uno de los lenguajes más populares en la *blockchain,* se utiliza principalmente en la red Ethereum. En él un contrato es una estructura definida y, al igual que en el lenguaje C++, existen clases.

```
pragma solidity ^0.4.0;

contract SimpleStorage {
uint storedData;

function set(uint x) {
storedData = x;
}

function get() constant returns (uint) {
return storedData;
}
}
```

Solidity permite desarrollar programas basados en contratos: piezas independientes de código que se pueden conectar con otras piezas permitiendo crear interacciones automáticas entre uno o más elementos. Así, un contrato inteligente se dividiría como cualquier contrato en cláusulas, y cada una se podría programar como un objeto con una causa-efecto. En el caso del ejemplo de los productos hortofrutícolas, si se cumplen determinadas condiciones que el contrato comprueba (causa), como el mantenimiento de las condiciones de humedad y temperatura o el cumplimiento de plazos, se realiza el pago (efecto).

Más adelante hablaremos en detalle de Uniswap, un sistema de cambio descentralizado a través del cual un usuario puede intercambiar tókenes (*ether* por USDC, USDC por WBTC, etc.) o proveer de liquidez a un tercero bloqueando sus activos para que puedan usarlos otras personas y obtener contrapartidas. Estos sistemas se articulan como una combinación entre un depósito a plazo fijo y un DEX. Todos sabemos que, cuando alguien contrata un depósito a plazo fijo en un banco, este proporciona al usuario un pequeño interés a cambio de bloquear su capital y emplearlo para prestar dinero a otra persona a un interés superior al que se ofreció en el plazo fijo. En Uniswap, la diferencia reside en que el beneficio por dar liquidez al sistema se lo lleva mayoritariamente el usuario. Estos sistemas DeFi basan su interacción con los interesados en contratos inteligentes.

Esta tecnología no solo resulta útil en el sistema financiero. Hace unos años publiqué un artículo titulado *Blockchain, el notario de Internet*[5], en el que reflexionaba sobre los cambios que introduciría esta tecnología en una profesión como la de registros y notarías.

El Consejo General del Notariado define al notario como «un funcionario público del Estado que debe proporcionar a los ciudadanos la seguridad jurídica que promete la Constitución en su artículo 9.º en el ámbito del tráfico jurídico extrajudicial». Es, al mismo tiempo, un profesional del Derecho que ejerce en régimen de competencia, un profesional de alta cualificación con reconocida independencia, garantía de seguridad y legalidad, que aporta tranquilidad y está preparado para los nuevos retos que plantea el futuro en este ámbito. Todas estas características podrían atribuirse también a la tecnología *blockchain* en el ámbito de Internet.

Hace un tiempo, el notario José Carmelo Llopis escribía en la revista *El Notario del Siglo XXI:* «Comparar la figura del notario con la *blockchain* es imposible. El notario es un funcionario público y profesional del Derecho que presta un servicio complejo y *blockchain* no es más que un medio técnico, como también lo es un disco duro, la firma electrónica o la matriz digital».

Esta tecnología no sustituye al notario ni al profesional del derecho, pero aporta fiabilidad, transparencia y trazabilidad a los contratos entre particulares más allá de la labor de esta figura. La *blockchain* es capaz de garantizar todo ello a través de una red descentralizada y el cifrado/descifrado de los documentos. Como hemos dicho, no sustituye el servicio que prestan hoy los expertos en este ámbito, pero exige su especialización para dar respuesta a los nuevos retos que plantea la irrupción de la *blockchain*. La llegada de los contratos inteligentes hará que muchos profesionales del Derecho tengan que reinventarse y aprender a redactar contratos no solo basándose en la legislación vigente, sino sobre todo en el lenguaje de programación adaptado a la *blockchain* en la que se opere. Es posible que, en un futuro cercano, los contratos los redacten ingenieros de *software* y no abogados. En pocos años, la decisión sobre si un acuerdo se cumple o no podría tomarla una máquina y no un juzgado de lo mercantil.

3
El desconcierto de los Estados y Gobiernos ante los criptoactivos

Los criptoactivos son un fenómeno ante el que los Gobiernos y los Estados han tomado decisiones muy distintas: desde El Salvador, que ha adoptado el bitcoin, hasta Argentina, que amenaza con prohibir a los bancos operar con criptomoneda. En este capítulo reflexionamos sobre la desigual y fragmentada respuesta de los Gobiernos ante este reto global:

* ¿Qué medidas se están tomando y hacia dónde avanzará la regulación?
* ¿Cómo puede influir la regulación de los Gobiernos y Estados en esta revolución?
* ¿Qué amenazas y oportunidades tiene el ecosistema de las DeFi en función de la regulación de cada país?

Cuando se mantiene una conversación sobre criptodivisas con alguien que comienza a entender la tecnología que las sustenta, surgen siempre las mismas cuestiones: ¿qué hay de la regulación? ¿Permitirán los Gobiernos de todo el mundo que alguien pueda «crear dinero» a sus espaldas con reglas objetivas? ¿Cómo se puede obligar a un activo que está ubicado en una red *blockchain* a pagar impuestos? ¿Podrá la regulación acabar con los proyectos basados en criptoactivos?

El nacimiento y la popularización de Internet supusieron un reto para legisladores y reguladores. Todavía hoy la actividad en Internet es un desafío para ellos, ya que hay aspectos que aún no han conseguido regular por completo. La generalización de las *fake news* ha sorprendido a los Gobiernos de todo el mundo sin mecanismos para abordar el hecho de que la mentira se expande mucho más rápido que la verdad en la Red. En internet se libra una guerra sin cuartel en el que el principal objetivo es desestabilizar naciones y regiones enteras con una arma poderosa: la información que viaja a través de la red. La deslocalización de las empresas en Internet ha dificultado al regulador establecer un marco homogéneo para el pago de impuestos de las grandes plataformas. El juego *online* estuvo durante un tiempo sin una regulación clara porque se trataba de un servicio que no encajaba en ninguno de los marcos legales establecidos. Por ello, experimentó crecimientos exponenciales, especialmente en los servicios de apuestas deportivas, hasta que se reguló en algunos países.

Los Estados tienen políticas muy distintas a la hora de abordar los desafíos que genera la actividad en la Red. En el ámbito regulatorio, hay países que son más restrictivos que otros respecto a abrir un negocio *online* o desarrollar actividades en la web; impositivamente, las discrepancias son todavía mayores. A finales de 2020, la consultora PwC publicó un estudio sobre las distintas estrategias que estaban poniendo en marcha los Estados para gravar las actividades en Internet. Argumentaba que los Estados eran escépticos en cuanto a la adopción de un acuerdo internacional en el corto plazo y que la mayoría habían puesto en marcha de forma unilateral nuevos impuestos para gravar los servicios digitales ante el temor de que dejaran de tributar en sus países.

Nada en el ámbito digital está regulado de forma global y homogénea actualmente, y cada país intenta sacar el máximo beneficio. En el informe se destaca que Italia ha introducido en su ley de presupuestos un impuesto del 3 % sobre los servicios digitales para compañías con ingresos globales superiores a 750 millones de euros. Turquía, por su parte, propuso un impuesto del 7.5 % de los ingresos obtenidos por los servicios de publicidad *online,* la puesta a disposición de interfaces digitales o la provisión de contenido digital, visual o audible a través de Internet. Hungría, por el contrario, no contaba todavía en 2021 con un impuesto específico sobre servicios digitales. La mayoría de los países, no obstante, han aprobado sus propios impuestos a la espera de la adopción de medidas internacionales.

Cualquiera puede entender que la actividad económica debe pagar impuestos en aquellos lugares donde se desarrolla. Sin embargo, imponer cargas excesivas a los servicios digitales, que en principio no necesitan un sitio físico para desarrollar su labor, provoca que estas empresas decidan trasladarse a lugares con condiciones fiscales más favorables. Esto puede dejar sin actividad ni ingresos por impuestos a determinados países.

Hoy los territorios de todo el mundo están en clara competencia por atraer el mejor talento, las mejores empresas y la mayor riqueza posible dentro de sus fronteras. Esto significa que los Estados que deseen liderar esta revolución han de entender bien la tecnología y sus derivadas antes de imponer barreras a su desarrollo. Hace un tiempo se gravaron las instalaciones de generación de energía de ciclo combinado en España. Como consecuencia, algunas dejaron de ser competitivas y detuvieron su actividad. No solo se perdió el impuesto, sino que también se redujo la actividad económica indirecta, disminuyendo así la riqueza de la zona. En definitiva, un país que pierde empresas tecnológicas, sea de *blockchain* o de inteligencia artificial, no solamente pierde los ingresos fiscales que podrían generar, sino también la riqueza directa en términos de creación de valor y la indirecta en términos de especialización de la mano de obra. En la actualidad, es casi más importante disponer de fábricas de microchips o programadores que tener pozos petrolíferos. En el futuro quizá sea más importante la capacidad de emitir un tóken que de fabricar microchips. Se abre un período en el que reflexionar de forma profunda sobre la imposición sobre los servicios digitales, su regulación o la intervención de los Gobiernos en el contenido que viaja por la Red.

Si realizamos un análisis más allá de la pura fiscalidad, nos encontramos con países que durante los últimos años han intentado desconectar a sus ciudadanos de servicios concretos de Internet, básicamente redes sociales y buscadores. Y en pleno 2022, cuando todos los ciudadanos disponían de Internet en sus dispositivos móviles, en su televisor y en su hogar, también el Parlamento Europeo quiso tomar medidas legislativas que llevarán a que «lo que es ilegal *offline* también lo sea *online*».

La legislación actual tiene sus dificultades. Por un lado, la Ley de Servicios Digitales habilita a las grandes plataformas para identificar y neutralizar contenidos ilegales. En este punto, algunos critican que no se ha avanzado realmente hacia nada concreto porque, ¿quién decide qué contenido es o no ilegal? Por otro lado, intenta reducir el dominio existente de los gigantes de Internet sobre determinadas actividades para que el usuario tenga la posibilidad de elegir desde motores de búsqueda hasta navegadores web. De todo este proceso, lo que más llama la atención es la forma en la que el comisario europeo de Mercado Interior y Servicios, Thierry Breton, se refirió a Internet en 2022 como «el salvaje oeste». Curiosamente, son las mismas palabras con las que Fabio Pannetta, un miembro del BCE, definió las criptodivisas en 2022: «El salvaje oeste de las criptofinanzas» *(The wild west of crypto finance)*[1].

Sin embargo, la forma en la que los Estados han abordado la regulación de Internet será radicalmente distinta a la de los criptoactivos. De hecho, la normativa sobre la Red está comenzando a madurar veinte años después de su nacimiento, mientras que en el mundo de los criptoactivos ha estado en el debate público casi desde sus inicios. Hay una razón fundamental: en el caso de Internet se hablaba de información, de tecnología o de comercio electrónico. Las leyes de telecomunicaciones o la Ley de Servicios para la Sociedad de la Información en España regulaban cuestiones relativas a usuarios, redes y proveedores de Internet con cierto consenso. Sin embargo, la llegada del Internet del valor toca asuntos clave para los Estados, que hasta hoy han tenido el monopolio de la creación del dinero. Algunas autoridades de nuestro país, como la Comisión Nacional del Mercado de Valores (CNMV), han mostrado su apoyo a los procesos de tokenización de activos, pero otras, como el Banco de España, han censurado claramente la creación de monedas poniendo en marcha una regulación que exige a los *exchanges* y a otros actores del ecosistema informar en su publicidad de los riesgos que conlleva la inversión en criptoactivos.

La tecnología detrás de los criptoactivos y su regulación no debería abordarse como el resto de las actividades económicas de los últimos dos mil años. Nada es tan global como Internet. No se puede poner fronteras ni barreras a la criptoeconomía mediante una normativa porque el intento resultará inútil. Hay quien piensa que los Estados y los Gobiernos acabarán regulando los criptoactivos. Sin embargo, solo será cierto en parte, ya que hay características de estos activos que será imposible regular. Al igual que la censura en Internet es difícil de ejecutar puesto que siempre existirán tecnologías que permitan sortear los apagones de determinados países, el control de los criptoactivos resultará imposible en la práctica. Los Estados podrán aumentar el control, gravar con impuestos la transformación de cripto a *fiat* o incrementar la supervisión sobre determinados productos que se comercialicen dentro de un país concreto, pero será del todo imposible que un Gobierno regule más allá de la tecnología, confisque criptoactivos de cualquier usuario, bloquee una cuenta cripto o evite la ejecución de un contrato inteligente. El motivo lo encontramos en las características inherentes que todo criptoactivo posee por el hecho de estar construido sobre la tecnología *blockchain* en redes públicas. Si la red *blockchain* sobre la que se construye el activo es una red permisionada, esta característica del activo desaparece y la red se convierte en una mera base de datos.

Evidentemente, esto genera retos importantes no solo para las instituciones, sino para toda la sociedad:

- ¿Cómo prevenir el blanqueo de capitales si cualquiera puede comprar criptomonedas de forma anónima en algunos países y escapar al control de las autoridades?
- ¿Cómo asegurar que el Estado pueda actuar en caso de incumplimiento de las obligaciones tributarias embargando bienes como los criptoactivos que son inembargables?
- ¿Cómo asegurar la contribución de los tenedores de criptoactivos a la caja común de Hacienda?
- ¿Qué ocurre en situaciones de conflicto donde los criptoactivos pueden ser una vía para la financiación del terrorismo o la delincuencia organizada?

En los inicios del Internet de la información surgieron preguntas similares a estas. Hace treinta años, los delincuentes empezaron a usar la Red para intentar burlar los controles legales. Fue entonces cuando las fuerzas y cuerpos de seguridad del Estado empezaron a formarse para establecer brigadas de delitos telemáticos, mandos conjuntos en ciberdefensa o secciones enteras dedicadas al análisis de la información que circula por la Red dentro de las agencias de inteligencia de cada país. Toda innovación tecnológica plantea retos para mantener la paz, la ley y el orden. No tardaremos mucho en ver cómo las agencias tributarias de todo el mundo comienzan a crear divisiones dedicadas al análisis de los criptoactivos. Pero para eso primero hay que romper la brecha digital, formar al personal de las administraciones públicas y que los reguladores entiendan que la *blockchain* es realmente disruptiva, pues logra dotar de características especiales a los criptoactivos, que deben tenerse muy en cuenta antes de tomar decisiones sobre el camino de la regulación[2].

1. Cinco características de los criptoactivos contra las que el sistema no puede luchar

Que la legislación y la regulación siempre van por detrás de la realidad tecnológica es algo que podemos constatar con facilidad. Las administraciones públicas llevan mucho tiempo invirtiendo recursos en facilitar el acceso a sus servicios a través de Internet. Hace más de quince años que existen las redes sociales y veinte desde que comenzaron el comercio electrónico y otros tantos servicios. Internet forma parte de nuestra vida cotidiana: lo usamos para pedir una cita médica o para ver una película en *streaming*. Sin embargo, es ahora cuando se están regulando aspectos básicos de los derechos de los usuarios. Como ya hemos comentado, la UE está desarrollando una legislación que pueda servir de marco para los países en el ámbito de las empresas que prestan sus servicios en Internet. Pero el paquete de medidas que pretende aumentar la competencia y mejorar los derechos de los ciudadanos en el ámbito digital no entrará en vigor hasta 2023. La UE no es un caso aislado; de hecho, está por delante de muchos otros: es la punta de lanza de la legislación global sobre este asunto.

En este contexto no es razonable hablar de *salvaje oeste*. El usuario no ha decidido abrir una vía para establecer un territorio sin ley. El problema es la ausencia de una regulación adecuada debido a la tardanza de las instituciones en establecerla. Pero ¿qué motiva esta tardanza? ¿Por qué los poderes públicos y los grupos de interés clave (*key stakeholders*) han dilatado tanto la introducción de debates profundos sobre la magnitud del cambio social y cultural que estaba suponiendo Internet? Simplemente, porque durante el nacimiento de las redes sociales, los servicios *online* o las plataformas de *streaming* nadie prestó atención al cambio tecnológico y a la mejora social que se estaba produciendo. La falta de normas claras se debe a la brecha digital, que afectó gravemente a los reguladores al inicio de Internet y que sigue perjudicando aún a muchas instituciones. Esta es una de las razones, quizá la principal, por la que los poderes públicos han tardado tanto en tomarse en serio Internet.

Además, los responsables permitieron que las diferencias que se estaban dando entre los que adquirían cada vez más conocimientos tecnológicos y los que preferían alejarse de esta nueva realidad pensando que nunca llegaría a afectar a su negocio o actividad crecieran año tras año. En la actualidad, pocos ámbitos están fuera de la influencia de Internet y las principales empresas tecnológicas alcanzan valoraciones en bolsa más importantes que las que fabrican bienes de equipo o servicios. Es en este momento cuando la transformación es visible y muchos de los que ignoraban las nuevas tecnologías han puesto ahora el foco en ellas. Siguen sin entender muy bien cómo funcionan, pero ya se han dado cuenta de lo que un cambio tecnológico disruptivo puede ocasionar en cualquier servicio, producto o ámbito.

El desconocimiento de una tecnología concreta genera dos actitudes: ignorarla o atacarla. En el caso de la tecnología *blockchain* y los criptoactivos, los reguladores ostentan una combinación de ambas. La irrupción de estos activos digitales ha disparado sus alarmas por dos motivos fundamentales: el primero, que no quieren que el regulador siga siendo superado por la tecnología y los usos sociales, como ocurrió con Internet (intentan legislar cuestiones sobre redes sociales cuando hay algunas, como Tuenti, que nacieron y murieron hace años; no es que lleguen tarde, es que debemos reflexionar sobre la utilidad de hacerlo); el segundo, que los criptoactivos tienen que ver con el dinero y este es monopolio exclusivo de los Estados. Sin embargo, si los reguladores no cuentan con personas que conozcan a fondo la tecnología detrás de estos activos, será muy difícil desarrollar una legislación eficaz. Se trata de un producto global que requiere un conocimiento profundo y visión de futuro. Como se verá más adelante, hay países cuyos reguladores poseen este conocimiento y otros que no.

La primera vez que escuché a Andreas M. Antonopoulos, reconocido autor y divulgador del bitcoin, fue en una ponencia en la que enunció las características que hacen de los criptoactivos un elemento disruptivo: no tienen fronteras y son resistentes a la censura, abiertos, públicos y neutrales. Estas características vienen derivadas del soporte tecnológico que les aporta la *blockchain*. Si la información contenida en esta red es inmutable, sea un código de un programa informático, una imagen o el saldo en bitcoin de un usuario, es lógico pensar que las transacciones con sus activos tendrán unas características similares. Antonopoulos es conocido por apoyar esta disrupción y vaticinar que los ciudadanos adoptarán de forma masiva las criptomonedas como medio de pago a medio plazo.

Gráfico 3.1 Características de un criptoactivo

Abiertos

Transparentes

CRIPTOACTIVOS

Neutrales

Sin censura

Sin fronteras

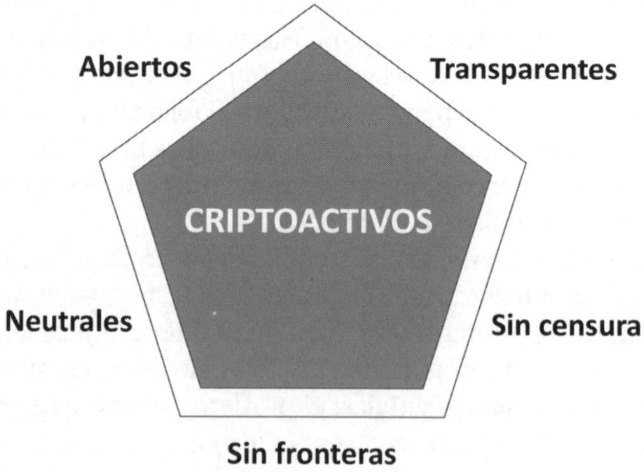

Las cinco características de un criptoactivo son:

1. **No tiene fronteras en su desarrollo y es imposible controlar su expansión a través de barreras físicas o políticas.** No importa dónde vivamos o en qué lugar nos encontremos. Cualquiera puede conectar un grupo de máquinas a la red con el protocolo de determinado criptoactivo y mantener el

soporte en cualquier parte del planeta. Resulta especialmente importante tener esto claro cuando personas de toda condición social y cultural afirman que los Gobiernos acabarán prohibiendo el bitcoin. Los Estados no tienen capacidad para prohibir el bitcoin ni cualquier otra criptomoneda porque se trata de una estructura supranacional. Podemos tener un *wallet* con bitcoines en casa a pesar de que en nuestro país exista una ley que lo prohíba porque lo que poseeremos realmente no serán criptoactivos, sino la clave privada que posibilita transferirlos a cualquier dirección. Si atravesamos el control de un aeropuerto con nuestro *wallet* físico en el bolsillo, deberemos reflexionar sobre la pregunta que se hace a la entrada de algunos países: «¿Lleva usted más de 10 000 $ encima?». Desde un punto de vista estricto, no llevaríamos nada encima, ya que los criptoactivos están residenciados en la *blockchain* y esta red tiene nodos por todo el mundo. Por tanto, es imposible ponerle fronteras a los criptoactivos: la tecnología ha superado los planteamientos tradicionales.

2. **Todo criptoactivo es resistente a la censura.** El contenido de las redes y sus activos digitales no pueden ser censurados por nadie externo a la red, es decir, no es posible que los retiren ninguna persona o entidad que no sean su propio dueño o que posean la clave privada para operar. Ninguna autoridad judicial puede entrar en una *blockchain,* ni siquiera emitiendo una orden para confiscar los criptoactivos de un usuario. Esto es consecuencia de la descentralización, la inmutabilidad y también la neutralidad de la propia red. No hay nadie a quien dirigirse, no hay una autoridad central o un servicio de atención al cliente. Los criptoactivos pertenecen a su dueño y su clave privada es la única que puede transferirlos. Esta característica resulta aplicable a estos activos, pero también a cualquier aplicación que funcione sobre la *blockchain.* Las redes sociales o los medios de comunicación que operan actualmente sobre Internet son muy diferentes a lo que serían si se ejecutaran sobre una red de *blockchain.* Nadie podría cerrar cuentas en una red social ni censurar páginas de un periódico digital que se ejecute sobre una *blockchain* pública. En función del diseño *software* del servicio, podría darse el caso de que ni siquiera el dueño del medio fuerza capaz de modificar

noticias o informaciones publicadas y grabadas en la *blockchain*. Cosas como esta demuestran que, tal y como afirmaba Antonopoulos, esta tecnología va a generar tal disrupción, que los pagos con criptomonedas serán solo una pequeña aplicación en comparación con el potencial que se espera.

3. **Cualquier persona puede utilizar los criptoactivos sin necesidad de una autorización centralizada, de una verificación de identidad o de una comprobación.** Es un servicio abierto a todos sin importar su origen, profesión, etc. Además, todo el código de los programas informáticos que soportan la operativa de los criptoactivos es libre. Cualquiera puede replicar el código de Bitcoin, de Ethereum o de Polygon en una máquina y comenzar su propio protocolo. No existen la propiedad intelectual ni los *royalties;* solo el reconocimiento de la comunidad a los creadores de estos servicios. La comunidad se ha servido de esta característica para mejorar de forma colaborativa todos los protocolos que permiten operar en el mundo de las DeFi. Algunos pagan a los desarrolladores por mejorar los servicios a través de sus DAO (de las que hablaremos más adelante) permitiendo aumentar las funcionalidades de las aplicaciones como servicio a la comunidad.

4. **Todo lo que ocurre en la red es público y puede ser verificado por el resto de participantes.** Las transacciones sobre la *blockchain* son seguras en sí mismas, no necesitan un sistema adicional de seguridad de red o aplicación. Como afirma Antonopoulos en el primer volumen de *El Internet del dinero (The Internet of money),* una transferencia de bitcoines puede realizarse por radiofrecuencia, por Internet, por una red insegura o por paloma mensajera. Si la información llega con el mensaje correcto, la transacción se realiza. Todo el proceso es transparente porque exige que todos los participantes de la red sigan las mismas normas.

Imaginemos una *blockchain* donde todos los nodos tengan la misma información sobre el estado y el saldo de las cuentas de los usuarios. Si uno intentase cambiar algún dato, la situación de la *blockchain* sería distinta en ese nodo e igual en el resto. Comprobando las transacciones anteriores se vería claramente que el cambio había sido deliberado y esa operación no quedaría registrada. Hay unas reglas objetivas conocidas que todos los participantes deben seguir para recibir un incentivo.

En este contexto, los usos y costumbres de los usuarios cambian respecto al mundo tradicional debido a la enorme transparencia que existe. Los saldos en criptomonedas de cualquier cartera se pueden comprobar en páginas como Blockscan[3]. Todas las transacciones quedan registradas y a la vista. Si entramos en la red Bitcoin y descargamos la *blockchain* completa, podemos comprobar de forma fácil cuál fue la primera transacción en bitcoines, dónde tuvo lugar, cuál ha sido la última operación, entre qué dos carteras se ha producido o qué direcciones son las que tienen más bitcoines, *ether* o MATIC. Es posible ver el saldo y la dirección, pero no a quién pertenece. Si hacemos una analogía con el sistema bancario actual, es como si las cuentas estuvieran a la vista con los veinte dígitos y su saldo asociado, pero no con el nombre de su propietario. El sistema cripto soportado por la tecnología *blockchain* puede calificarse de muchas maneras, pero en ningún caso de oscurantista, opaco o falto de transparencia. Todo puede ser verificado por un tercero de forma pública, nadie puede ser engañado.

5. **Los criptoactivos forman parte de un sistema neutral.** Cualquiera puede enviar estos activos a otra persona sin que el sistema intervenga en la transacción más allá de verificar el cumplimiento del protocolo correspondiente. Las identidades del receptor y/o emisor, su raza, su actividad pública, su ideología, su pertenencia a un grupo o el motivo de la transacción no se cuestionan ni se analizan en el proceso. Todo es absolutamente neutral, y esa es una de sus fortalezas.

Hay un grupo de bitcoines que no se mueve desde hace mucho tiempo. Los monederos que tienen almacenadas esas monedas electrónicas no han llevado a cabo ninguna transferencia en los últimos años. Esto ha llamado mucho la atención. En la comunidad cripto se especula con que puedan ser bitcoines perdidos o, según teorías más rocambolescas, que pertenezcan a Nakamoto. En cualquier caso, esas monedas electrónicas solo pueden transferirse utilizando una clave privada que alguien ha de tener en algún lugar. Nadie en la red podrá moverlos con las reglas actuales.

Los criptoactivos tienen una trazabilidad total que nos permiten visualizar desde el primer bloque hasta el último que fue minado con las transacciones correspondientes. En el caso de bitcoin, sería posible remontarse al 3 de enero de 2009 cuando se generó el bloque génesis de bitcoin. Ese fue el día en el que Satoshi Nakamoto minó el primer bloque y recibió 50 bitcoines. A partir de este primer bloque se han ido enlazando miles de bloques que contienen las transacciones entre usuarios hasta nuestros días. Este primer bloque bitcoin no solo tiene la información de cualquier bloque sino que también contiene un mensaje oculto que Satoshi Nakamoto quiso introducir. Con unas pocas líneas de código cualquiera puede verificar y leer este mensaje. El bloque génesis de bitcoin incluye el titular del diario londinense *The Times* del 9 de enero de 2009 sobre el fracaso del plan de estímulos para atajar la crisis financiera del 2008. Hay un debate interesante sobre lo que realmente quiso decir el creador de bitcoin ocultando este mensaje.

Gráfico 3.2 Bloque génesis del bitcoin (izquierda) y titular de *The Times* insertado en el primer bloque de bitcoin (derecha)

Estas cinco características hacen del ecosistema algo único porque no se puede luchar contra ellas. Los Gobiernos deberían tener en cuenta la ineficacia de medidas como «prohibir las criptomonedas». En un mundo global, en el que no hay fronteras físicas ni tecnológicas, tratar de poner barreras locales a este tipo de tecnología solo conducirá al fracaso. Es fundamental tomar nota de los errores cometidos a la hora de establecer controles homogéneos globales en Internet. Hablamos de controles globales porque los locales no sirvieron para nada en el caso de Internet y tampoco servirán en el caso de los criptoactivos. Un ordenador conectado a una red con la aplicación de código abierto en marcha posibilita que se pueda operar con activos digitales en cualquier lugar. Ya hemos explicado que la *blockchain* está en todos los países y en ninguno a la vez. Es una superestructura que trasciende las fronteras porque no entiende de lenguas, barreras físicas o imposibilidades legales. Los criptoactivos seguirán existiendo mientras los interesados continúen manteniendo la red de incentivos como *mineros,* desarrolladores, inversores o usuarios. Si alguien intenta construir una red de pagos tan eficiente como bitcoin desde cero fracasará debido a su altísimo coste. Solo la coordinación social y unos incentivos adecuados han podido hacerlo posible.

Los reguladores deberían conocer bien la forma en la que funciona la tecnología antes de intentar regular algo sobre lo que no tendrán un control efectivo, ni siquiera con el uso de la fuerza jurídica. Ningún mecanismo puede detener una transacción de criptoactivos de una cartera a otra. Ninguna institución puede cancelar la billetera (cuenta) de un usuario ni limitar el uso de sus criptoactivos. Es imposible confiscarlos. La tecnología es la que provoca estas circunstancias; por eso conviene conocer en profundidad las implicaciones y limitaciones que establece antes de lanzarse a tomar decisiones.

2. La respuesta desigual de los países al reto de las criptomonedas y las finanzas descentralizadas

La respuesta de los países y los Estados al reto que plantean los criptoactivos está siendo radicalmente desigual. Hay factores que agravan esta diferencia, como el desconocimiento de la tecnología, la falta de personal cualificado en los órganos de decisión, la pertenencia o no a un espacio económico común o la ausencia de un sistema financiero potente.

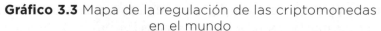

Gráfico 3.3 Mapa de la regulación de las criptomonedas en el mundo

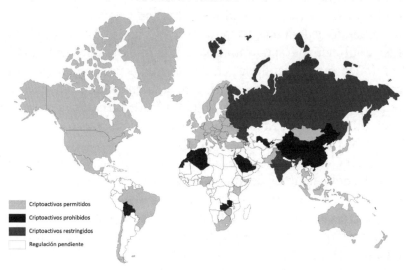

Criptoactivos permitidos
Criptoactivos prohibidos
Criptoactivos restringidos
Regulación pendiente

Es posible encontrar patrones de comportamiento en la respuesta a este reto en función de determinados factores. Por ejemplo, los países financieramente avanzados están adoptando una actitud proactiva a la hora de evaluar de forma objetiva las oportunidades que ofrecen los criptoactivos. Estados con capacidades tecnológicas están identificando las potencialidades del ecosistema cripto, que pueden ser aprovechadas por otras industrias como palancas de crecimiento. Cabe destacar también que algunas comunidades aisladas del sistema bancario tradicional están aprovechando las DeFi para sufragar proyectos que no tienen acceso al crédito regulado.

3. Los problemas a los que se enfrentan los reguladores: ¿las criptomonedas son dinero? ¿Los tókenes son *securities*?

Hay dos cuestiones sobre los criptoactivos que preocupan a legisladores de todo el mundo. En primer lugar, que cualquiera pueda «crear» dinero al margen de las instituciones; y, en segundo lugar, que generen expectativas de inversión a usuarios desinformados además de medios de pago al margen de las instituciones financieras y monetarias.

También son objeto de inquietud para las instituciones financieras y monetarias los llamados *security tokens,* es decir, aquellos tókenes que se comportan como un valor. Se trata de activos financieros digitales intercambiables muy similares a las acciones de una empresa. Por ello, los reguladores están muy atentos para que todos aquellos tókenes que puedan ser clasificados como *security* cumplan la legislación atribuible a cualquier activo financiero. Es lo que ha exigido en EE. UU. la Securities and Exchanges Commision (SEC).

Sin embargo, los reguladores se enfrentan al problema de diferenciar los *security tokens* de los *utility tokens* que emite cualquier proyecto cripto. Como se comentó en capítulos anteriores, estos últimos son como fichas de un casino que solo tienen valor dentro de una plataforma concreta. Muchos proyectos han pretendido hacer creer a los reguladores que el tóken emitido era un *utility* cuando realmente se comportaba como un *security.*

El método más utilizado para diferenciarlos es el conocido como Test de Howey, un procedimiento generado después de que el Tribunal Supremo de EE. UU. analizara un caso en el que el alto tribunal había dado la razón a la SEC en un litigio del regulador estadounidense contra W. J. Howey Co. El órgano judicial tuvo que esclarecer si la operación se podía considerar un contrato de inversión o no. Para hacerlo, estableció cuatro criterios:

1. Se produce una inversión de dinero.
2. Se realiza con intención de obtener rendimiento económico.
3. El dinero se invierte en una empresa.
4. Los rendimientos derivados provienen del esfuerzo de un tercero.

Así pues, un tóken es *security* si se cumplen esas condiciones.

La CNMV y otros organismos reguladores españoles también están tratando de diferenciar ambos tókenes con el objetivo de dejar claro cuándo se trata de una inversión y cuándo no. En el fondo, con esta actitud están reconociendo la utilidad de los *security tokens* como elementos de depósito de valor. Si estos criptoactivos deben tener, a juicio de los reguladores, los mismos derechos y obligaciones que cualquier otro activo financiero intercambiable, como bonos o acciones, están admitiendo que son equiparables. Por tanto, el debate sobre la utilidad de los criptoactivos se acabó el día en el que las comisiones del mercado los igualaron a los activos financieros. Esta tendencia es imparable. Como veremos más adelante, si una empresa puede dividir en tókenes su propiedad y lanzarla al mercado para captar inversiones, podemos estar ante el inicio del fin de las salidas a bolsa.

Las bolsas han registrado una transformación tecnológica importante en los últimos años. Han pasado de ser edificios llenos de gente que intercambiaba derechos en papel a edificios vacíos en los que las transacciones tienen lugar a través de la Red. Si una empresa puede lanzar un tóken que represente una porción de su compañía de forma segura y con respaldo del regulador a un mercado global, ¿por qué limitarse a emitir sus participaciones en el mercado de un determinado país? Trataremos el cambio que supone esta disrupción más adelante.

4. ¿Hacia dónde va la regulación?

La regulación de los criptoactivos es un tema sobre el que no existe consenso internacional más allá de la clara necesidad de proteger al usuario e informarle de los riesgos que supone invertir en ellos. Sin embargo, como ya hemos indicado, los países y los reguladores deberían tener presentes las cinco características de los criptoactivos antes de tomar decisiones que pudieran comprometer la atracción de talento, capital u oportunidades. A la hora de trabajar con estos activos digitales, las entidades financieras y las grandes compañías están adaptando su posición en función de la forma en la que cada Gobierno los trata. Mientras que en España son muy pocas las entidades financieras que operan con criptoactivos, en Suiza o EE. UU. esto está mucho más generalizado.

La actitud de los Estados ha sido muy distinta en este ámbito: unos han visto oportunidades para posicionarse dentro del ecosistema como lugares donde facilitar la creación de empresas tecnológicas basadas en criptoactivos y otros han intentado desligarse de esta tecnología y de todo lo que tuviera que ver con ella. Malta, Liechtenstein, Suiza, Singapur o Hong Kong son algunas de las naciones que decidieron ser *cryptofriendly*. En ellas no es extraño encontrar multitud de empresas dedicadas al ámbito cripto. Los activos en una *blockchain* no se hallan en ningún país concreto, pero los servicios financieros asociados al ecosistema deben residir en un sitio físico que sirva de referencia. Los bitcoines de un usuario tampoco están en ningún lugar concreto, pero el *exchange* Coinbase que permite intercambiar dinero *fiat* por cripto o distintos tipos de criptomonedas entre sí tiene su sede en San Francisco, California.

Hasta el momento solo dos naciones han aceptado como medio de pago un criptoactivo, El Salvador y República Centroafricana. Son Estados pequeños pero lanzan un mensaje claro al mercado: creemos en el bitcoin y en el potencial de los criptoactivos. Por tanto, cualquiera que desee desarrollarse dentro de ese ecosistema en este país tendrá todas las facilidades. En otros países, los criptoactivos se consideran un tipo de activos, pero no un medio de pago, y por tanto están gravados con impuestos.

Desde la popularización de los criptoactivos, diversas naciones han intentado poner en marcha normativas propias ante la falta de un liderazgo internacional para homogeneizar la respuesta a este reto, como dijimos con anterioridad. Malta fue pionera en el desarrollo de una regulación atractiva e incluso está dedicando recursos para impulsar la creación de empresas en el ámbito cripto. Panamá dio el primer paso para regular los criptoactivos abriendo la puerta de forma opcional a su uso como medio de pago. En Perú, sin embargo, la normativa que se está impulsando no considera las criptomonedas de curso legal. En países como Argentina no se ha desarrollado todavía una regulación específica para las criptomonedas, pero se ha promovido un impuesto a las transacciones. Esta situación recuerda a la comentada anteriormente sobre Internet. En 2022 se promulgó legislación que restringía las operaciones con criptodivisas de las entidades financieras. Ante una nueva tecnología que produce cambios sociales, acapara inversión e interés, los reguladores intentan establecer una fiscalidad inicial con el objetivo de no perder esos ingresos hasta que se establezcan mecanismos impositivos comunes en el ámbito internacional.

En Singapur las criptomonedas se consideran bienes, por lo que su tratamiento fiscal es el asignado a este tipo de activos. En Suiza la situación resulta distinta, ya que las criptomonedas están dentro del marco legal y se aceptan como pago en determinadas condiciones. Se trata de un país que ha estado siempre a la vanguardia en los servicios financieros y cuenta con pioneros en el ámbito cripto; de hecho, en la localidad suiza de Zug existe un lugar conocido como *Crypto Valley* que atrae a desarrolladores y empresas de todo el mundo. Es en este sitio donde en 2016 se introdujo la posibilidad de pagar impuestos con bitcoines. Esto ha permitido al país disponer de un conocimiento mayor y avanzar mucho más que el resto en poco tiempo.

En la UE el panorama es distinto, ya que existe una gran fragmentación en las medidas impulsadas por los Estados. Si tenemos una moneda común, sería recomendable que existiera también un marco común para aquellos que ofrecen servicios de intercambio entre monedas fiduciarias y monedas cripto, los *exchanges*. Pero la óptica de la UE de cara a la regulación de las criptomonedas ha estado centrada sobre todo en la lucha contra el blanqueo de capitales. Existe preocupación en las instituciones europeas por las consecuencias que la popularización de las criptomonedas puede generar en el sistema financiero global. En los primeros meses de 2022, el BCE manifestó la intención de emitir su propia moneda electrónica. Sobre las monedas electrónicas de bancos centrales se hablará en futuros capítulos.

Así pues, el mapa mundial de la regulación de los criptoactivos es diverso y está fragmentado. En la inmensa mayoría de los países las criptomonedas no son de curso legal, pero consienten la actividad de intercambio y muchos permiten operar a *exchanges* como Binance, Coinbase, etc., bajo determinados registros, consideraciones y/o restricciones. Por otro lado, algunas naciones están impulsando monedas propias bajo proyectos dentro de los bancos centrales. La siguiente tabla muestra un mapa de la situación actual en este ámbito a finales de 2022.

Tabla 3.4 Situación actual de la regulación de los criptoactivos a finales de 2022

País	Exige licencias o registro a los operadores	Proyecto en marcha del Banco Central
Argentina	x	x
Australia	✓	✓
Brasil	x	✓
Canadá	✓	✓
Chile	✓	✓
China	x	✓
Corea del Sur	✓	✓
EE. UU.	✓	✓
Hong Kong	✓	✓
India	x	✓
Japón	✓	✓
México	✓	✓
Reino Unido	✓	✓
Singapur	✓	✓
Suiza	✓	✓
Tailandia	✓	✓
UE*	✓	✓

*La regulación de las licencias y los requisitos para operar varían en cada país.

Nuestro país está mirando a Europa a la espera de un reglamento aplicable en todos los Estados miembros. En este momento disponemos de la directiva MiCa (*Markets in Crypto Assets*), que se encuentran en desarrollo y que podrían ser aplicables en 2025. Sin embargo, la legislación se verá superada antes de ese año por los cambios y avances del ecosistema DeFi. Quizá por esta razón, España ha publicado reglas sobre aspectos que necesitan una cobertura inmediata, que siguen un esquema similar a la normativa relacionada con las actividades en Internet, como el Real Decreto 5/2021, que facultó a la CNMV para supervisar el ámbito publicitario de la inversión en criptoactivos con el objetivo de informar a los usuarios de los riesgos que comporta. Es una propuesta necesaria pero que debe ir más allá de la mera información sobre los riesgos de este tipo de inversiones. Por otro lado, los *exchanges* de criptomonedas en España tienen la obligación de cumplir las políticas KYC/AML (*Know Your Customer/Anti Money Laundering*), diseñadas para evitar el blanqueo de capitales y la financiación del crimen organizado y el terrorismo.

Las políticas KYC exigen a todo cliente que abre una cuenta en un *exchange* centralizado pasar por un proceso de identificación con sus datos básicos (nombre, dirección y número de identidad). El procedimiento no siempre es del agrado de los usuarios porque, en puridad, atenta contra los principios básicos de anonimato, neutralidad y descentralización de los criptoactivos. No tiene mucho sentido disponer de activos abiertos, sin fronteras y resistentes a la censura si hay que identificarse al abrir una cuenta en un punto de intercambio de criptomonedas.

Uno de los ejemplos más llamativos sobre el desconcierto que producen los criptoactivos y la tecnología *blockchain* en las administraciones públicas lo encontramos en una línea de ayudas publicada por el Gobierno de España durante 2022: «Ayudas para proyectos de desarrollo experimental e innovación de procesos a través de tecnologías asociadas al Metaverso y Web3»[4]. Leyendo el título de esta convocatoria, es razonable pensar que incluya proyectos con tókenes, NFT, DeFi y otros. Sin embargo, dentro de las ayudas se especifica que «quedan excluidas tecnologías y herramientas asociadas a la emisión, gestión e intercambio de criptomonedas o que tengan como finalidad principal gestionar transacciones de criptoactivos, como es el caso de los denominados *Non Fungible Tokens* (NFT)». Este tipo de actuaciones intentan separar la web3 de las criptomonedas, diferenciar la tecnología *blockchain* de los criptoactivos, pero esto es un contrasentido porque los aspectos de mayor crecimiento del metaverso o la web3 son aquellos donde los tókenes y los NFT desempeñan un papel clave.

Una regulación inadecuada no solo trunca las posibilidades de los ciudadanos de utilizar criptoactivos en el país donde viven, sino que, sobre todo, lanza un mensaje negativo al ecosistema tecnológico y a los desarrolladores: no sois bienvenidos. La iniciativa de El Salvador de adoptar el bitcoin como moneda de curso legal puede no ser entendible para muchas instituciones financieras. De hecho, quizá no sea el momento de que un país lleve a cabo una operación de ese calado; pero es una decisión valiente que implica lanzar un mensaje positivo al ecosistema: si trabajas como desarrollador, si eres una *startup* de servicios DeFi o quieres orientar tu carrera hacia la web3, aquí hay un sitio para ti.

En definitiva, las naciones se están posicionando dentro del ecosistema cripto en dos extremos opuestos: aquellas que prohíben las criptomonedas y gravan con impuestos los activos digitales y las que crean entornos amigables para favorecer el desarrollo de productos asociados al intercambio de criptoactivos. Las grandes empresas de Internet nacieron y crecieron en lugares donde existía una legislación que les era favorable, unida a un gran mercado sobre el que ofrecer nuevos productos y servicios. Los Estados han de aprender esta lección si no quieren llegar los últimos a la revolución que supondrá el Internet del valor.

Para ser realmente útil, la legislación que se desarrolle en el ámbito cripto debe estar basada en tres principios:

1. Aumentar la información que los consumidores reciben de los productos y servicios relacionados con los criptoactivos que se ofrezcan en el territorio nacional.
2. Favorecer la creación de nuevas *startups* y la atracción de talento a este sector, creando marcos legales que favorezcan la inversión y el desarrollo de nuevos productos financieros de forma conjunta con los sectores tradicionales.
3. Crear normas fiscales y tributarias competitivas que permitan el florecimiento de nuevos productos en el territorio nacional y consigan aumentar los controles sobre ellos mientras generan un efecto financiero positivo en las arcas públicas.

La regulación del ecosistema cripto también debe ser sensible a los distintos activos existentes. En primer lugar, hay que diferenciar los tókenes (*securities* o *utilities*) y las criptodivisas. Y para abordar la regulación de estas últimas es importante distinguir los dos grandes tipos que existen: las criptomonedas estables y el resto.

Las criptomonedas estables, descritas en apartados anteriores, constituyen un producto que permite dotar al inversor de una puerta de entrada segura al ecosistema cripto, puesto que su valor no varía al ser instrumentos financieros de precio inducido. DAI o USDC tienen como precio inducido 1 $ y disponen de mecanismos tecnológicos y de respaldo para mantener la estabilidad. Desde un punto de vista regulatorio, la tendencia que están marcando algunos Gobiernos consiste en diferenciar las criptomonedas estables del resto.

El *exchange* Coinbase emitió un informe en julio de 2022 sobre las criptomonedas estables que analizaba aspectos regulatorios, casos de uso y recomendaciones para los responsables de las normativas. Uno de los aspectos de estudio era el marco normativo apropiado para la protección del consumidor. Entre las recomendaciones para las futuras regulaciones hay algunas consideraciones que deberían tenerse muy en cuenta. La defensa de los intereses del usuario en este ámbito ha de hacerse considerando tanto la protección del inversor como el acceso al desarrollo de nuevos productos financieros. En primer lugar, los tenedores de criptomonedas estables deben estar protegidos del riesgo de pérdidas relacionadas con el fraude o la negligencia. Los usuarios han de tener el derecho de controlar el almacenamiento y empleo de cualquier información personal que les identifique. También deben tener acceso a todo tipo de información sobre los riesgos y beneficios de la moneda estable en la que están invirtiendo, incluyendo la reserva de activos, los aspectos tecnológicos de emisión y retirada, las liquidaciones, etc. En el caso de que una criptomoneda estable respaldada por dinero *fiat* se vuelva insolvente, los tenedores han de tener prioridad sobre otros acreedores. Además, para una mayor protección de los derechos de los consumidores, las monedas estables también necesitan operar en un mercado ordenado. Son los actores del mercado y del ecosistema DeFi los primeros beneficiados de que todo se desarrolle sin manipulación, expulsando a aquellos que generan falsas señales al mercado a través de la manipulación de oferta y demanda. Por esta razón hay muchos *stakeholders*, desde los *exchanges* hasta los *pools* de liquidez, interesados en desarrollar mecanismos de protección.

Uno de los países que está desarrollando regulación para sacar el máximo partido a las criptomonedas estables es el Reino Unido. Estas pautas son parte de una estrategia con la que se pretende que el ecosistema cripto incremente la competitividad económica en la era post-Brexit, convirtiéndose así en un *hub* del ecosistema cripto.

Este tipo de monedas estables se han convertido en una parte importantísima de la criptoeconomía, con más de 150 billones en capitalización de mercado. A pesar de los fallos recientes y las dificultades que atraviesan algunas economías, la evolución de las monedas estables no se está ralentizando y muy probablemente sigan ganando adeptos en los próximos años. Son enlaces entre el mundo físico y el digital que permiten a muchos ciudadanos combinar los beneficios de la economía abierta basada en las *blockchains* con el precio estable de monedas *fiat* ampliamente aceptadas.

Un importante número de ciudadanos en el mundo no tienen acceso al sistema bancario ni al crédito. Casi dos billones de personas no disponen de una cuenta bancaria. Recientes estudios han deducido que la razón más frecuente es que no poseen el dinero mínimo para abrirla. En este contexto, las monedas estables tienen un gran potencial para llegar donde el sistema tradicional no lo hace, pero permitiendo además al usuario final preservar el valor de sus recursos y no exponerse a la volatilidad existente.

La utilización de una moneda de este tipo permite que los interesados se adentren en un sistema financiero con bajo coste, muy eficiente y seguro. La digitalización de los servicios y la pandemia han provocado que ningún ciudadano o empresa puedan estar hoy fuera de un sistema de pagos global. Las criptomonedas estables son la puerta de entrada al ecosistema para muchas personas que no desean exponerse a las volatilidades de las criptomonedas como bitcoin o *ether* pero que se ven atraídas por la sencillez y la eficiencia del mundo cripto. Con solo disponer de Internet y de un teléfono móvil, es posible entrar en un nuevo sistema financiero. De hecho, de los casi dos billones de personas que no tienen una cuenta bancaria, un billón cuenta con acceso a un teléfono móvil y casi 500 millones a Internet. En definitiva, las DeFi pueden dotar de crédito y de servicios financieros a ciudadanos que, aun teniendo acceso a la Red, no disponen de acceso al crédito bancario tradicional. Estas comunidades serán capaces de saltarse un paso en el desarrollo de las sociedades. Pasarán directamente de la sociedad «desbancarizada» a la sociedad cripto.

4
Una nueva forma social y económica de organización: ¿qué son las DAO?

Las organizaciones autónomas descentralizadas (DAO) permiten una nueva forma de coordinación social entre individuos. Muchos consideran la red Bitcoin como la primera DAO, y es a partir de entonces cuando muchos proyectos del ecosistema cripto han utilizado el modelo DAO para tomar ciertas decisiones bajo un modelo descentralizado. En este capítulo reflexionamos sobre:

- Qué es una DAO, qué tipos de DAO existen y qué características tienen.
- Cómo funciona una DAO y qué utilidad tienen más allá del ecosistema cripto.
- Qué retos legales y de gobernanza afronta el crecimiento de las DAO.

___

La característica principal de la tecnología *blockchain* es la descentralización. Es la clave de bóveda, la piedra angular sobre la que se asienta todo el sistema, porque la descentralización posibilita la creación de todas las herramientas y funcionalidades que hemos visto hasta ahora. Un sistema de este tipo no tiene una autoridad, empresa, persona o entidad central que tome las decisiones. Estas se escogen basándose en unas normas preestablecidas que, en muchas ocasiones, ni siquiera los propietarios o usuarios de la información pueden modificar.

La descentralización en el mundo cripto cuenta con muchas ventajas, aunque también con algún inconveniente. Las ventajas derivan de las cinco características de todo criptoactivo que ya hemos visto. Sin embargo, la ausencia de una autoridad central plantea también unos retos enormes. Alguien tiene que tomar decisiones y coordinar el sistema, y por este motivo nace el concepto de DAO.

1. Sistemas descentralizados y organizaciones autónomas descentralizadas

Desde el momento en el que la tecnología *blockchain* logró establecer un método para eliminar a los intermediarios, la comunidad ha trabajado en sistemas que permitieran organizaciones descentralizadas no jerárquicas. Así nacieron y continúan creciendo las DAO. El reto más importante al que se enfrenta la comunidad cripto es encontrar una forma de tomar decisiones y coordinar el sistema. Esta arquitectura permite que puedan aparecer nuevas formas de coordinación como son las DAO.

Las DAO son estructuras en las que participan usuarios que comparten un objetivo común y que están representados por la dirección de su *wallet*. Una DAO es similar a un consejo de administración pero en el mundo cripto que toma determinaciones sobre un protocolo, dirige la inversión de los activos de sus miembros o cualquier otro aspecto que se defina. Y lo hace de forma conjunta mediante un sistema de voto que se rige por unas reglas determinadas y preestablecidas.

Muchas personas afirman que la primera organización de este tipo fue Bitcoin, puesto que una gran cantidad de individuos aportaron sus ordenadores para crear una red de acuerdo con unas reglas establecidas por el protocolo: existían un consenso descentralizado y unas normas que todos aceptaron.

El éxito fue tal, que en junio de 2022 el ecosistema de las DAO tenía un valor conjunto de casi 9000 millones de dólares según el sitio web DeepDAO. Se han convertido en una herramienta global que permite a los usuarios gobernar los protocolos o distribuir fondos de forma no jerarquizada.

La tecnología que hay detrás de los criptoactivos se basa en unas reglas objetivas construidas con código informático. Al estar contenidas en la *blockchain,* son inmutables y se ejecutan de forma automática. Sin embargo, algunos protocolos requieren decisiones no automáticas que debe tomar el conjunto de sus usuarios. Por ejemplo, la criptomoneda DAI, de la que hablamos en los primeros capítulos, necesita que algunos parámetros sean fijados fuera del protocolo original. El sistema de liquidaciones del protocolo Maker es un elemento crítico diseñado para asegurar que el DAI generado en Maker Vaults permanezca adecuadamente colateralizado. En pocas palabras, es fundamental para ayudar a la criptomoneda a mantener su estabilidad y por tanto la paridad con el dólar estadounidense[1]. Después de las turbulencias del mercado en 2022, la comunidad entendió que era necesario realizar algunos cambios para garantizar ese proceso. Se votaron y consensuaron aspectos que estaban fuera del protocolo básico, como el tiempo de las subastas de colateral para garantizar la estabilidad en caso de congestión en la red o habilitar que el protocolo pudiera afrontar grandes volúmenes de liquidaciones. Este tipo de aspectos no pudieron ser incluidos en el *whitepaper*[2] original debido a que fueron surgiendo conforme el protocolo iba avanzando en adopción. Para este tipo de decisiones entra en juego una DAO. La comunidad que dirige de forma descentralizada esta criptomoneda vota y toma resoluciones de forma descentralizada.

Hay quien pudiera pensar en utilizar una empresa en lugar de una DAO para coordinar este trabajo. Sin duda, una empresa es una de las formas que existen en nuestros días para coordinar y alinear los intereses de un conjunto de individuos. Sin embargo, hay una importante diferencia entre una DAO y una empresa, sobre todo a la hora de emitir una criptomoneda estable como es el caso de DAI. De hecho, en el ecosistema conviven los dos modelos descritos. Mientras USDC está emitida y gobernada por la empresa Circle, DAI está gobernada y controlada por una DAO (MakerDAO).

2. Cómo formar parte de una organización autónoma descentralizada

Entrar a formar parte de una DAO es relativamente fácil. Cuando compramos acciones de una empresa no solo adquirimos una fracción de la propiedad de dicha entidad, sino también derechos políticos y, en la mayoría de los casos, de voto sobre sus decisiones. Siempre en función del porcentaje obtenido. En una DAO ocurre exactamente lo mismo: los usuarios compran tókenes como si fueran «acciones». Esto permite que aquellos que dispongan de un mayor número tengan más poder de decisión que los que poseen menos. Además, los tókenes pueden reportar dividendos o generar pérdidas. Todo depende de cómo sea gestionada la DAO y de las decisiones tomadas.

Las organizaciones de este tipo poseen las mismas características que los activos del ecosistema: son abiertas, transparentes, neutrales y resistentes a la censura y no tienen fronteras. Por tanto, antes de entrar en una cualquier usuario puede comprobar el código que la regula, cuál es su propósito o los objetivos que persigue.

El concepto de DAO es apasionante, ya que su sistema descentralizado de gobernanza permite que cualquier buena idea pueda ser escuchada, considerada y evaluada. No existen jerarquías a las que obedecer ni procedimientos que eviten que pueda someterse a votación la propuesta de un miembro de la comunidad. El trabajo está consensuado y las votaciones de los tenedores de tókenes tienen como único objetivo aumentar el valor de la DAO. La DAO puede ofrecer trabajos puntuales para que cualquier usuario de internet sea retribuido por realizar acciones concretas. Desde preparar una presentación hasta desarrollar un contrato inteligente. El sufragio para tomar resoluciones se realiza a través un sistema supeditado a unas reglas objetivas y preestablecidas. En las empresas, sin embargo, entran en juego otras consideraciones más allá de la creación de valor para la compañía. Merece la pena explorar este cambio social. Recientemente el Foro Económico Mundial celebró el Foro de Davos en la ciudad suiza que le da nombre y algunos miembros de la comunidad *crypto* pusieron en marcha un foro alternativo conocido como DAOVOZ (https://www.daovos.global/). Al margen de consideraciones sobre el contenido, DAOVOZ se constituye como un punto de encuentro global para organizaciones como las DAO que ya son de por sí globales. Es algo interesante a lo que seguirle la pista, sobre todo por analizar la forma en la que estructuras globales y descentralizadas pueden llegar a organizarse entre sí con el objetivo común de reflexionar sobre los retos presentes y futuros de la sociedad.

3. Un tipo de organización autónoma descentralizada para cada tipo de persona

Para participar en una DAO no es necesario disponer de grandes cantidades de bitcoines o *ethers*. Hay un tipo para cada grupo de personas dispuesto a plantear un proyecto común y aceptar unas reglas objetivas de funcionamiento.

Ya hemos visto que existen criptomonedas como DAI (www. makerdao.com) que tienen asociada una DAO. También *exchanges* descentralizados como Uniswap o plataformas como AAVE son gobernadas de esta forma. En esta comunidad, los miembros toman decisiones sobre el protocolo que gobierna la moneda electrónica o el protocolo. En el caso de DAI, al ser una criptomoneda estable ligada al dólar, los usuarios deben llevar a cabo resoluciones de forma no automática.

Para formar parte de la organización descentralizada de DAI hay que comprar un tóken de gobernanza llamado *Maker* (MKR) que puede encontrarse en la mayoría de los puntos de intercambio de criptomonedas. Si pensamos en este caso concreto, tiene sentido que las decisiones sobre el futuro de la moneda electrónica las tomen los tenedores de los tókenes de gobernanza. Las resoluciones de la comunidad son de enorme calado: desde decidir las tasas de interés hasta definir los activos colaterales o el protocolo de liquidación. Se trata de temas clave para el correcto funcionamiento de la moneda.

En el caso de que las medidas sean buenas y el DAI siga creciendo, habrá más gente que quiera entrar a formar parte de la DAO que gobierna esta criptomoneda y, por tanto, el tóken subirá de precio. Así, los usuarios estarían recibiendo una recompensa por su trabajo. Cuantos más tókenes tenga un usuario, mayor es su poder de decisión, como ya hemos visto, y, consiguientemente, su beneficio en caso de que las decisiones sean acertadas también será mayor.

Es importante no perder de vista que el objetivo principal de una DAO es que su funcionamiento dependa lo mínimo posible de la toma de decisiones. Pero, en los casos en los que no sea posible, los usuarios toman las resoluciones en conjunto. El protocolo que gobierna esta criptomoneda permite que el funcionamiento sea democrático y que nadie pueda manipularlo a su conveniencia. En cualquier caso, cabe suponer que cualquier miembro poseedor de tókenes de una DAO elige lo que cree mejor para la comunidad.

Otra DAO con gran popularidad es la asociada a AAVE (www.AAVE.com), plataforma de préstamos con un gran volumen de transacciones en el ecosistema de las DeFi que se ejecuta sobre la red Ethereum. Para participar es necesario disponer de una cartera de tókenes AAVE. En este caso no solo es posible tomar decisiones sobre la gobernanza de la plataforma, sino también sobre las propuestas que hace la comunidad para mejorar algún aspecto del protocolo y financiarse con las ganancias.

En 2022 los usuarios votaron una iniciativa para crear una criptomoneda estable. La nueva criptomoneda estaría basada en Ethereum y anclada al valor del dólar, de forma similar a DAI, USDC o *tether*. En este caso se trataría de una criptomoneda estable sobrecolateralizada, es decir, que tendría más reservas de las necesarias para garantizar que, ante cualquier eventualidad, los ahorros del depositante estuvieran protegidos por encima del 100 % del activo. Con esta nueva moneda estable, los participantes en la DAO de AAVE creían que podría mejorarse la liquidez ofrecida a los usuarios al tiempo que se incrementaban los ingresos pasivos por otros conceptos.

Los tenedores de tókenes de la DAO de AAVE votaron durante tres días y aprobaron la creación de esta criptomoneda, de nombre *GHO,* con 501 000 votos a favor, 17 abstenciones y 12 votos en contra. En definitiva, un 99.9 % de los sufragios fueron favorables.

Según el portal de noticias *Cointelegraph,* el tóken asociado a AAVE aumentó más del 15 % a raíz de la propuesta de *GHO* y experimentó un aumento del 4 % en las 24 h siguientes a su aprobación. A la vista de cómo ha respondido el mercado, la decisión de la DAO fue acertada para sus intereses y, como consecuencia, sus tókenes se revalorizaron.

4. *Exchanges* y organizaciones autónomas descentralizadas

En el ecosistema cripto no todo está descentralizado. Los principales *exchanges* de criptomonedas, como Binance, el polémico FTX o Coinbase, poseen una autoridad central. Por tanto, la actividad que desarrollan no es resistente a la censura ni neutral. En resumen, la principal diferencia entre una «casa de cambio» como Binance y un protocolo descentralizado como SushiSwap es que, mientras el primero puede decidir si nos abre una cuenta, nos bloquea las operaciones o nos pone límite a los criptoactivos, SushiSwap no pregunta a los usuarios su identidad ni tiene capacidad para bloquear operaciones. Para SushiSwap o Uniswap nosotros estamos representados por la cadena alfanumérica de nuestro monedero. En los sistemas centralizados es distinto, ya que deben cumplir una estricta regulación en los países donde operan.

Así pues, los puntos de intercambio centralizados toman decisiones de forma jerárquica y centralizada[3], mientras que los descentralizados poseen un protocolo y una DAO que toma determinaciones sobre el crecimiento y la evolución del protocolo. En los primeros la autoridad la ejerce el presidente y, en última instancia, el consejo de administración; en los segundos, la última palabra la tiene la DAO que forman los usuarios. Tanto en los *exchanges* centralizados como en los descentralizados se intercambian tókenes y para ello hay que fijar un precio a cada criptomoneda. Mientras los centralizados como Binance emplean un libro de órdenes para hacerlo, los descentralizados determinan el precio a través de una fórmula matemática. El precio de un tóken siempre coincide tanto en los *exchanges* centralizados como en los descentralizados. Esto ocurre así porque el mercado arbitra dicho precio.

Una DAO importante en el ecosistema DeFi es la que gobierna Uniswap[4], un *Automated Market Maker* (AMM), y la gobernanza de su protocolo se efectúa con votaciones de los tenedores de tókenes UNI[5]. Para ser miembro de su DAO solo es necesario comprar este tipo de tókenes. Sin embargo, para asegurar su correcto funcionamiento, en ocasiones se establecen limitaciones. Por ejemplo, para presentar una nueva propuesta en Uniswap, hay que poseer más del

0.25 % de los tókenes totales UNI emitidos. Esto garantiza que las propuestas sean realizadas por personas que realmente han tomado capital de la DAO.

Su protocolo ha ido evolucionando con propuestas de los usuarios, quienes han modificado la forma en la que se valoran los activos, junto con otros parámetros. El principal cambio de su tercera versión radica en que permite a los tenedores ofrecer liquidez concentrada en un rango concreto de precios. De esa manera, pueden ganar más comisiones si el precio de los criptoactivos bloqueados están en ese rango. Es similar a lo que ocurre cuando se coloca dinero a plazo fijo en una cuenta bancaria, pero con la opción de elegir bajo qué circunstancias el banco puede prestar ese dinero a un tercero.

Mientras en un DEX la liquidez la aportan otros usuarios bloqueando sus criptoactivos en un contrato inteligente, en uno centralizado la propia compañía provee la liquidez para permitir que los intercambios se realicen con garantías. En ambos se cobran comisiones al interesado cuando intercambia activos. La diferencia radica en que, si esta permuta se realiza en uno centralizado, la comisión irá a parar en su totalidad al *exchange,* mientras que si se realiza en un AMM como Uniswap, parte de esa comisión será para los usuarios como recompensa por bloquear sus criptoactivos y dar liquidez al sistema.

Todo diseño DAO asume que los propietarios de tókenes de gobernanza votarán siempre pensando en el bien de la comunidad. Sin embargo, la evolución de estas estructuras sociales y económicas ha permitido establecer mecanismos de mejora en la toma de decisiones, por ejemplo en lo referido a la liquidez de un tóken o criptomoneda, pues es un aspecto clave para el éxito del proyecto. Algunos de los lectores habrán reflexionado sobre la volatilidad de los criptoactivos, que puede ser consecuencia, precisamente, de insuficiencia de liquidez. Por tanto, disponer de tókenes/criptoactivos con ese problema influye negativamente en el ecosistema.

Para solucionar esta carencia existen protocolos como Tokemak[6]. En una capa debajo de los DEX, Tokemak ofrece una plataforma sencilla y barata para dar y recibir liquidez, es decir, para que una persona pueda intercambiar su tóken por dinero *fiat* u otra criptomoneda en cualquier momento. Este protocolo suma recursos aportados por los usuarios y los dirige hacia dos o tres proyectos concretos en cada votación. De esta forma consigue dar respaldo a los tókenes seleccionados y otorgar recompensas a los que bloquearon sus criptoactivos en Tokemak para hacerlo posible. Esta plataforma permite a los usuarios disponer de liquidez, pero también controla adónde van esos recursos. Así, para que sea nuestra criptomoneda la elegida, hemos de convencer a los miembros de la DAO para que vote nuestro proyecto. Básicamente Tokemak permite de manera más eficiente conseguir liquidez para poder desplegar en diferentes *exchanges* descentralizados. Existen otros modelos pero Tokemak introduce un nuevo papel que es el director de Liquidez. Como veremos a continuación, uno puede convertirse en director de liquidez bien comprando el tóken o bien intercambiando activos por el tóken. Esto es como hacen muchas DAO que llegan a acuerdos con Tokemak.

En Tokemak un usuario tiene la opción de adoptar dos roles. Por un lado, puede ser proveedor de liquidez depositando criptoactivos como *ether,* USDC u otros similares en la plataforma. Este mecanismo es muy similar al de los DEX, parecido a su vez al sistema que utilizan los bancos con quienes que dejan depósitos a plazo fijo: dan un interés por el dinero bloqueado de un usuario que ellos utilizan para prestar a un tercero, cobrando un interés más alto. Por otro lado, puede actuar como director de liquidez, decidiendo hacia dónde se dirigen los recursos depositados por los proveedores. En este segundo caso el sistema se comporta como una DAO.

Quien quiera actuar como proveedor de liquidez debe comprar el tóken de la plataforma, denominado *TOKE.* Luego, la DAO formada por quienes han comprado *TOKE* decide hacia dónde se dirigen los recursos almacenados mediante una votación. En este caso, existen mecanismos de seguridad para garantizar que todos actúan pensando en el beneficio para la comunidad: los usuarios que dirigen la liquidez no solo tienen la responsabilidad de votar, sino que están obligados a permanecer ligados al sistema durante un determinado período de tiempo. Esta salvaguarda permite asegurar que no tomen medidas que puedan ir en contra del resto de componentes de la DAO, puesto que todos sufrirían las consecuencias.

Con toda seguridad, conforme se vayan desarrollando las DAO y añadiendo funcionalidades a los protocolos que las gobiernan, se establecerán otros mecanismos que faciliten el buen funcionamiento del sistema. El protocolo Tokemak, como el resto del ecosistema DeFi, está en plena evolución y pretende construir una estructura de gobernanza basada en el diálogo con la comunidad. El objetivo de la gobernanza con el tóken *TOKE* debería ser votar sobre la apertura de nuevas líneas de liquidez, nuevos destinos para dicha liquidez o nuevas implementaciones en *cross-chain* de capa 2.

Tokemak es un ejemplo del campo enorme de posibilidades que se abre con la utilización, gestión y transmisión de los criptoactivos, una pequeña muestra de los infinitos protocolos y aplicaciones que deben desarrollarse para consolidar el ecosistema DeFi, haciendo frente así a los distintos retos que plantean los activos digitales.

Los proyectos DeFi están vivos y evolucionan con las demandas de los usuarios. En el caso de Uniswap, la DAO decide si hace cambios en el protocolo, encarga nuevos desarrollos tecnológicos o mejora alguna funcionalidad. En el caso de Tokemak, la DAO determina hacia qué lugares se dirige la liquidez para maximizar el beneficio de los depositantes. En una entidad bancaria, en un fondo de inversión, etc., estas decisiones las tomarían el gestor del fondo, el consejo de administración o el gestor de la cartera. En el mundo cripto las decisiones las toma la comunidad de usuarios que «compraron» el derecho de voto con sus activos, arriesgando parte de su patrimonio al confiar en que sus decisiones maximizarían el beneficio obtenido.

Si algo podemos asegurar es que en los próximos años el sistema evolucionará hacia modelos descentralizados de gobernanza basados en DAO. La tecnología y los contratos inteligentes aportan una capa objetiva de funcionamiento que permite dotar de confianza al sistema en su totalidad, aunque en determinados momentos se requiera una decisión comunitaria.

5. Cómo crear una organización autónoma descentralizada

Las DAO pueden servir para infinidad de propósitos. En los casos anteriores sirven para gobernar protocolos DeFi permitiendo que los usuarios tomen decisiones en momentos en los que se necesita una intervención externa más allá de la tecnología, pero el modelo DAO puede tener otras utilidades.

Sea cual sea el objetivo de una DAO, hemos de tener en cuenta unos requisitos a la hora de crearla. Una DAO necesita:

1. **Un motivo.** Una DAO es un medio para conseguir un fin, un mecanismo que permite organizarse social y/o económicamente, subvencionar proyectos, canalizar recursos, tomar decisiones conjuntas, etc., sin una autoridad central. Si no existe un propósito, no tiene sentido crearla.

2. **Un tóken de gobernanza.** La posibilidad de votar propuestas, emitir opiniones o intervenir en las cuestiones de la organización debe estar ligada a la tenencia de estos tókenes, que podrán ser adquiridos directamente en *exchanges* mediante el intercambio con otros criptoactivos o al ser recibidos como recompensa dentro de la plataforma. Existe también la posibilidad de diseñar DAO gobernadas por tókenes no fungibles.

3. **Establecer unas reglas de votación coherentes con el proyecto que sustente la DAO.** La toma de decisiones en una DAO no es algo trivial, sino que ha de responder a un mecanismo acorde con el activo que se pretende gestionar o con la comunidad que va a formar parte del proyecto. Pueden establecerse normas para cambiar el reglamento de votación, para evitar que la gente pueda comprar y vender el tóken de gobernanza de forma rápida evitando así la rotación o para establecer un quórum mínimo para decisiones importantes (por ejemplo, podría establecerse que solo unos determinados *wallets* pudieran votar o que cada tóken o cartera representara un solo voto). Todo esto tiene que establecerse al inicio.

4. **Definir el mecanismo mediante el que se administran sus fondos y el margen de decisión sobre su liquidez.** Esto está íntimamente relacionado con los posibles fines de la organización, ya que puede crearse con distintos objetivos: desde administrar la liquidez de un protocolo hasta otorgar financiación a determinados proyectos tras una evaluación de los usuarios.

5. **Respaldo social.** Sin él el proyecto no podrá salir adelante. La existencia de una comunidad facilita la creación y el crecimiento

de una DAO exitosa. Cualquiera puede utilizar la tecnología para crear una DAO, pero sin respaldo social nunca funcionará.

6. **Definir el riesgo y los incentivos de participar en ella con exactitud.** Puede crearse una DAO para gestionar fondos e invertirlos, para repartir fondos y asignarlos a proyectos en forma de *grants* o para hacer apuestas en una quiniela. En cualquiera de los casos, hay que establecer objetivos claros y cláusulas que faciliten la participación de todos los miembros. Por ejemplo, en el caso de una DAO que gestiona fondos para invertirlos, si estos son aportados por los participantes de la DAO, es posible establecer limitaciones con las que facilitar su retirada temporal a los miembros que no estén de acuerdo con alguna decisión de inversión. Todo esto forma parte de las reglas predefinidas en función de los objetivos.

Al analizar los requisitos de una DAO se aprecia claramente que lo difícil no es crearla; lo realmente complicado es conseguir que la gente se una y que los miembros mantengan el soporte.

Existen herramientas que permiten fundar y organizar una DAO sin necesidad de disponer de conocimientos técnicos informáticos o de programación. Sin embargo, hay cuestiones clave que se han de tener en cuenta antes de hacerlo. La más importante es que solo se debe lanzar una DAO cuando se hayan considerado claramente todos los detalles mencionados anteriormente. Una vez lanzada sobre la *blockchain,* no será posible cambiar sus reglas principales de funcionamiento.

Hay diferentes tipos de DAO. Por ejemplo, DAOhaus o Aragon son protocolos que permiten crear o unir diferentes organizaciones. En el caso de DAOhaus, se pueden generar nuevas comunidades fijando algunos requisitos en función de las necesidades. Existe la posibilidad de lanzar un proyecto tipo *guild,* donde la DAO ofrece servicios de forma colectiva, proyectos tipo *club,* donde no existen decisiones financieras o, por el contrario, DAO tipo *ventures,* que permiten grandes decisiones financieras. Las *grants* están centradas en asignar recursos a proyectos o productos para la gobernanza de protocolos.

Una DAO tipo *grants* es VitaDAO, orientada a dotar de recursos proyectos científicos sobre longevidad. Los inversores pueden dirigir el capital hacia un programa concreto, cada uno de los cuales está representado por un NFT. Este NFT es el garante del proyecto, incluso si resulta exitoso. Si es el caso, los inversores de la DAO seguirán vinculados a él y podrán decidir cuestiones clave para su desarrollo. Así, los programas se benefician de las características de las DAO para desarrollar el trabajo. Estas características son las siguientes:

- Financiación global, desregulada y centralizada.
- Desarrollo del proyecto sobre un concepto abierto, facilitando el intercambio de información entre los participantes.
- Sin fronteras y dirigido a un mercado global. Cualquier interesado en este asunto puede invertir y participar, independientemente de su lugar de residencia.

Otro de los proyectos que más llamó la atención de la comunidad cripto en su día es Aragon, que funciona sobre la *blockchain* de Ethereum en código abierto. Durante su lanzamiento, en 2017, fue capaz de recaudar 25 millones de dólares de forma global en algo más de 15 min. El motivo principal de su éxito fue que el ecosistema necesitaba la herramienta que estaba proponiendo y los inversores se dieron cuenta de que iba a tener recorrido. Fue un hito que reflejaron algunos medios de comunicación de la época. No obstante, y a pesar de que tuvo un inicio muy exitoso, ha sufrido algunos contratiempos en su gestión interna.

En el momento de escribirse este libro hay más de 3800 DAO creadas en su plataforma. Constituir una DAO nueva puede hacerse en el panel de control de Aragon Client, ya que ofrece distintos modelos a los desarrolladores acordes a sus necesidades, de forma transparente y con herramientas que permiten cierta personalización. Asimismo, se puede abrir una DAO existente. Dentro de esta plataforma también se encuentra Aragon Govern, producto ideado para servir de soporte durante el proceso de gobernanza.

Existe tecnología suficientemente madura para crear cualquier DAO y asegurar un funcionamiento seguro, robusto y confiable. Podemos afirmar sin equivocarnos que el incremento que ha tenido en los últimos años el ecosistema DeFi se debe en gran parte a que ha podido resolver los problemas de gobernanza a través de las DAO. Por tanto, el crecimiento, el desarrollo y la consolidación de este modelo no corresponde ya a la tecnología, sino a que las comunidades lo perciban como un instrumento útil con el que coordinarse social y económicamente. Es evidente que la irrupción de esta nueva forma de gobernanza plantea retos de primer orden. Relacionarse con las DAO y el ecosistema que han creado será un gran desafío para quienes pretendan sacar el máximo partido a este nuevo sistema financiero en el mundo tradicional.

6. Los consejos de administración de las empresas caminarán hacia el modelo de las organizaciones autónomas descentralizadas

Si reflexionamos sobre la función de una DAO, podríamos asimilarla a la del consejo de administración de una empresa: sus miembros toman decisiones en función del número de acciones que posean y su capacidad de influencia está determinada por el peso que tengan en dicho consejo y las reglas establecidas.

Una comparación más ajustada nos remitiría al funcionamiento de estos consejos durante la pandemia de la COVID-19. En aquellos meses, entidades de todo el mundo redujeron al máximo la presencialidad. No solo las empresas, sino también las instituciones, establecieron el voto telemático y los debates *online* como algo habitual. Pasada la pandemia, numerosos sectores han mantenido el teletrabajo parcial o total también para los órganos de gobierno.

Una DAO podría ser la evolución natural en forma *online* de un consejo de administración o el órgano de gobierno de cualquier entidad. Es importante en este punto diferenciar las organizaciones digitales de las DAO. Las primeras constituyen el proceso natural de digitalización de una empresa para aumentar la eficiencia. Sus miembros se comunican a través de internet desde lugares distintos. Las DAO sin embargo están orientadas a que la organización funcione de forma autónoma. Una DAO es algo similar a un vehículo autónomo cuyo funcionamiento se basa en unas reglas objetivas pero con una cierta gobernanza. Es por esta razón que existen retos legales, sociales y tecnológicos que conviene abordar antes de realizar tal afirmación.

Una DAO sobre la *blockchain* tiene las mismas propiedades que los criptoactivos. Si se analiza desde la vertiente de su neutralidad, cualquiera puede formar parte de una DAO estando representado únicamente por la cadena alfanumérica de su *wallet*. No es necesario dar el nombre, subir una foto, identificarse ni ningún otro requerimiento parecido. Nos encontraríamos tomando decisiones sobre el futuro de una empresa, entidad o asociación sin saber quiénes son las personas que votan junto a nosotros, cuál es su origen o qué experiencia o conocimientos tienen. Solo veríamos la dirección con la que se identifican en la DAO y su capacidad de voto. Podríamos percatarnos de sus opiniones a través de las discusiones que se establecieran, responder a sus argumentos o unirnos a ellas, y todo esto sin saber su raza, religión, sexo, creencias o cualquier otra característica que pudiera condicionarnos. Este cambio social en la gobernanza tiene sin duda aspectos positivos: permite centrar la toma de decisiones únicamente en lo que es bueno para la empresa al juzgar una propuesta solo por su contenido y sin estar condicionados por quién la emite.

Sin embargo, esta característica también puede provocar que las resoluciones sean sesgadas si entre los participantes en el consejo no hay suficientes puntos de vista o diversidad de experiencias o de procedencia. La identidad real de los miembros de una DAO solo se da a conocer si el miembro lo desea. En cualquier caso, la neutralidad se mantiene con sus ventajas y sus inconvenientes.

El mundo corporativo y empresarial ha establecido unas reglas para autorregularse en distintos ámbitos, desde la responsabilidad social corporativa hasta la sostenibilidad, pasando por el refuerzo de los procesos de *compliance* en los miembros del consejo de administración. Las DAO acabarán recorriendo este camino tarde o temprano. Entre 2018 y 2022 las DAO ya se habían desarrollado en distintos modelos. Cuando exista competencia por captar recursos para actividades similares entre distintos proyectos DAO, comenzará un proceso de autorregulación con el objetivo de conseguir ser una referencia de cara a los inversores. Las buenas prácticas, el cumplimiento normativo y la transparencia terminarán siendo más importantes para las DAO que para las compañías cotizadas. La razón es simple: en el ecosistema de este tipo de organizaciones el inversor debe confiar en la solidez del proyecto sin poder conocer el recorrido de las personas que gestionan la entidad. En una empresa cotizada hay muchas más señales externas sobre las que tomar decisiones.

Estos son solo algunos de los retos a los que hoy se enfrenta el crecimiento de este tipo de estructuras. Serán el mercado, la sociedad y los posibles usos más allá del mundo cripto los que definan el rol de las DAO en el futuro.

7. Retos legales de las organizaciones autónomas descentralizadas

La regulación de Internet y la de los criptoactivos tienen características en común, pero también grandes diferencias. Comparten el hecho de que ambas nacieron de un avance tecnológico que permitió el desarrollo de aplicaciones disruptivas. Sin embargo, en el caso de Internet hablamos de intercambio de información y en el de los criptoactivos, de un sistema financiero, del dinero de terceros o de inversiones. Cuando se trata de gestionar recursos de otros, del cumplimiento de expectativas y de asumir riesgos, comienzan las implicaciones de responsabilidad legal.

En agosto de 2020, la abogada experta en criptoeconomía Cristina Carrascosa impartió una conferencia en el espacio Crypto Plaza en la que reflexionaba sobre la diferencia entre la gobernanza y la estructura de la empresa, aspecto fundamental a la hora de reflexionar sobre un proyecto DAO. Y es que dentro de una DAO resulta difícil diferenciar entre gobernanza y estructura de una compañía, pero confundirlas es legalmente peligroso. Las obligaciones de las personas que forman parte de las estructuras empresariales están perfectamente definidas en cualquier país, y desarrollar una actividad empresarial a través de una DAO no exime del cumplimiento de la ley. Si lo pensamos, tomar decisiones en un consejo de administración, formar parte del patronato de una fundación o participar en las resoluciones de un consorcio no está exento de obligaciones. Son muchos los directivos que han tenido que afrontar responsabilidades administrativas o penales por determinaciones que se han adoptado en los órganos de gobierno de diferentes entidades. Por eso las obligaciones legales de los miembros de una DAO son, sin duda, un aspecto que hay que tener en cuenta cuando se piensa en el posible crecimiento de estas estructuras.

A pesar de tratarse de una organización descentralizada, sin fronteras y pensada para la economía global, si se desarrolla una actividad como las que hemos definido anteriormente dentro de uno o varios territorios, los socios de la DAO tienen una obligación legal. Puede que sea difícil identificarlos o retener sus activos para cubrir el adeudo en el que pudieran incurrir, pero existe una clara responsabilidad. Algunos han equiparado una DAO a una comunidad de bienes desde la óptica de la legislación española.

Pertenecer a una DAO, por tanto, tiene riesgos que deben evaluarse antes de entrar a formar parte de una porque significa asumir una responsabilidad muy grande. La neutralidad, la agilidad, el anonimato y la transparencia de los que gozan estas estructuras son ventajas competitivas muy importantes, pero formar parte de una DAO que gestiona dinero de otros significa compartir la responsabilidad en la toma de decisiones con decenas o cientos de desconocidos que participan en las votaciones. No es posible controlar quién se sienta al lado en ese «consejo de administración cripto» y, por tanto, podría darse el caso de llegar incluso a responder con todos los bienes presentes y futuros de las acciones que pudiera hacer la persona «sentada» al lado en la estructura.

El estado estadounidense de Wyoming fue una de las primeras instituciones públicas en reconocer legalmente las DAO. A través de una ley aprobada en marzo de 2021[7], admitió las DAO como estructura legal de Derecho dentro del estado, con las mismas responsabilidades que una sociedad limitada. La American CryptoFed DAO fue la primera entidad registrada legalmente en este nuevo marco jurídico.

La primera demanda colectiva contra una DAO y todos sus miembros se efectuó en EE. UU. en los últimos meses de 2022. Fue interpuesta contra bZx DAO por varios perjudicados que acusaban y responsabilizaban directamente a sus miembros de unas pérdidas cercanas a los 60 millones de dólares por negligencia[8]. Los reguladores suelen insistir en que la publicidad sobre los criptoactivos debe ir acompañada de una advertencia sobre el riesgo de perder todo el dinero invertido en este tipo de productos. Sin embargo, esta demanda estaba orientada a la falta de diligencia por parte de los miembros de la DAO a la hora de custodiar de forma adecuada los activos.

La resolución de esta demanda sentará jurisprudencia sobre los retos legales a los que se enfrentan estas estructuras, no solo bZx DAO, sino también otras, como Kyle Kistner o Tom Beam. Si estas DAO fueran realmente descentralizadas, no habría nadie a quien demandar. Por ello, quienes crean que pertenecer a una DAO les protege de cualquier tipo de demanda, deben prestar mucha atención a la estructura, la gobernanza y las responsabilidades que se asumen en cada caso concreto antes de implicarse en un proyecto.

La regulación sobre este tipo de organizaciones tendrá que ir adaptándose en función de los casos de uso, la problemática que se detecte y los conflictos que vayan surgiendo. Será difícil encontrar una regulación local adecuada ante el reto global que suponen las DAO y su estructura descentralizada.

Una DAO es una estructura global que está situada por encima de los países. Cualquier regulación local está condenada al fracaso. El único camino posible pasa por la autorregulación. Existen proyectos interesantes como OTOCO (https://otoco.io/) que permiten crear DAO tokenizadas y dadas de alta en registros de una jurisdicción.

8. ¿Son las organizaciones autónomas descentralizadas una evolución de las democracias?

Una de las características más importantes y menos analizadas del ecosistema DeFi y de los criptoactivos es que el coste de transacción se reduce de forma drástica. En la economía global, estos gastos son un obstáculo en situaciones cotidianas, como hacer una transferencia de un país a otro o pagar pequeñas cantidades con tarjeta de crédito. Eso supone que, en ocasiones, se anule una operación por su causa. No poder pagar un chicle con tarjeta en el quiosco de la esquina quizá no suponga un problema para la economía mundial ni para el PIB de nuestro país, pero si pensamos en un modelo de negocio basado en miles de pequeñas transacciones que constituyen una cantidad importante, los costes de transacción representan un problema para la creación de riqueza. Su disminución tiene grandes repercusiones en el ámbito del comercio y la economía, tanto nacional como internacional. Se calcula que reducir en un 0.1 % este tipo de gastos multiplica por 4 la prosperidad de un país[9].

En las estructuras societarias, asociativas, mercantiles o institucionales existe un equilibrio frágil entre la alineación o no de las decisiones que toman los gestores de un determinado activo y la opinión de sus acreedores. Dicho de otra forma: las estructuras centralizadas son eficientes debido a que las decisiones las toma un grupo reducido en nombre de un gran número de personas que depositan su confianza en su criterio y confían en que toda resolución sigue unas normas concretas. En el caso de un fondo de inversión, los gestores tomas las decisiones según unos requisitos para comprar activos que han sido pactados con los depositantes. En el caso de una democracia, las decisiones las toman los políticos en relación con unos compromisos adquiridos con los votantes que les dieron su confianza. Ni en el ámbito institucional ni en el financiero es posible preguntar a todos los miembros de la comunidad sobre todas las determinaciones relevantes que tienen lugar. Resulta imposible debido al coste que supondría hacerlo con garantías. El gestor del fondo no puede montar una consulta a la semana sobre los activos que hay que invertir ni un gobernante puede establecer un referéndum todos los domingos sobre cómo gastar el presupuesto. Sin embargo, ¿qué ocurriría ante una reducción drástica del coste de una consulta? Los modelos de gobernanza que nos hemos ido dando históricamente han venido claramente limitados por la tecnología. Cabe preguntarse: ¿hace trescientos años hubiese sido posible votar y contar los votos en todo un continente?

En el ámbito financiero, reducir los costes de transacción supondría un aumento de la actividad económica y multiplicaría por 4 la prosperidad de un país, como ya hemos visto. En el ámbito de las organizaciones, incrementar la interacción entre representante y representado podría generar beneficios en organizaciones que sepan adaptarse a esta nueva situación. Por eso, en el caso de las DAO la disminución de los costes de transacción tiene unas implicaciones más allá de la economía.

Este tipo de estructuras podrían ser una evolución natural de los procesos democráticos. Cualquier ciudadano mayor de 18 años recibiría en casa un tóken de gobernanza intransferible junto con su clave privada, lo que le permitiría entrar en una DAO junto con el resto de votantes con los que comparte ámbito geográfico. El coste de hacer cualquier consulta a la población con total garantía se vería reducido drásticamente. No se requerirían mesas electorales, avisar con 2 meses de antelación ni hacer que miles de personas se desplazaran para votar, por ejemplo. Con este sistema sería posible solicitar la opinión de los ciudadanos ante cualquier decisión importante en menos de 24 h.

Existen muchas experiencias en el ámbito del voto electrónico o telemático, con detractores y defensores. Quizá hoy no estemos todavía preparados para que un proceso electoral sea 100 % a distancia. Muchos países no lo están por distintas razones: en unos casos los ciudadanos tienen un acceso limitado a los medios necesarios o existe una brecha digital importante que deriva en falta de confianza en la tecnología; en otros casos, la tecnología complementa al sistema, pero el acto de depositar la papeleta en una urna sigue gozando de un amplio consenso entre las fuerzas políticas y no hay urgencia en cambiarlo. La propia estructura de las campañas electorales desemboca en la visita al colegio electoral.

La incorporación de tecnología a la votación replantearía el proceso de campaña electoral. Del mismo modo que la jornada de reflexión carece de sentido cuando las redes sociales e Internet pueden seguir mostrando durante ese día discursos e imágenes de los candidatos pidiendo el voto, tampoco tiene sentido establecer una campaña electoral concreta acotada en el tiempo como si no existieran medios tecnológicos para llegar hasta al último rincón del país.

En definitiva, si fuésemos capaces de articular una DAO para coordinarnos social y económicamente, existirían procesos de consulta que podrían mejorar la calidad de nuestro sistema y las decisiones que toma cualquier grupo humano. Al analizar las implicaciones y la evolución de las DAO con el tiempo, cabe preguntarse si, al reducirse el coste del voto drásticamente, estaríamos camino de consultar e interaccionar mucho más con los representados gracias a la criptoeconomía y la tecnología *blockchain*.

5
Los cambios económicos y tecnológicos que traen los NFT

Los los tókenes no fungibles (NFT) son un tipo de cripto-activo único sobre el que se están construyendo todo tipo de servicios. Un usuario puede transferir la titularidad de un NFT a otro pactando un valor de compraventa. Hasta la llegada de los NFT era imposible disponer de activos digitales únicos, pero con su llegada se abre un mundo de posibilidades que está todavía por descubrir. En este capítulo se analizan las siguientes cuestiones:

- Qué es un NFT y cuáles son sus características principales.
- Cómo sacarle partido a un NFT.
- Cuál será la evolución de los NFT en el futuro.

Para entender bien el concepto de NFT, voy a poner como ejemplo el famoso cuadro *Las meninas* del pintor español Velázquez que está expuesto en el Museo del Prado. Cualquier persona puede tener en casa una reproducción, fotografía o copia, pero la pintura original seguirá en la pinacoteca y mantendrá su titularidad pública. La diferencia entre el cuadro auténtico y las réplicas radica en la firma del propio autor y en las características de la obra: solo hay uno.

Un NFT, sin embargo, sería equivalente a la obra original de *Las meninas,* pero también a los originales de las distintas versiones de la pintura, como pósteres, láminas, postales, libros, etc. En el caso de un NFT, la prueba de autenticidad solo es su almacenamiento en la red *blockchain.*

Cabría preguntarse entonces para qué sirve la titularidad de un activo digital. ¿Qué ventajas tiene si puede copiarse, distribuirse y enviarse fuera de la red al margen de su propietario? ¿Qué utilidad posee un NFT como activo digital único dentro de las DeFi? ¿Y en el mercado? A estas y otras cuestiones vamos a responder a continuación.

En el capítulo 1 explicamos de forma genérica la diferencia entre un NFT y un tóken fungible (un bitcoin, un *ether,* un MATIC o cualquier otra unidad monetaria). Un bitcoin es igual a otro y por tanto un bien fungible, como un billete de 20 €, que es equivalente a otro billete del mismo valor. Sin embargo, un NFT representa un activo único que no puede ser reemplazado por otro igual.

Otra de las características importantes de estos criptoactivos es que son indivisibles. Mientras el bitcoin, el *ether* o el MATIC pueden segmentarse en partes más pequeñas, los NFT no cuentan con esa posibilidad. Dividir uno es como intentar cortar el cuadro de Velázquez en trocitos: se destruye la obra.

Los NFT han registrado unos enormes crecimiento y popularidad durante los últimos años, ya que se trata de la evolución natural de los criptoactivos: si dos personas tienen la capacidad de intercambiar valor a través de una red sin intermediarios, también pueden transferir activos digitales únicos con una determinada titularidad asignada.

Cualquier activo digital único y en cualquier formato, como audio, vídeo, imagen, texto, etc., puede convertirse en un NFT, desde la imagen de un cuadro hasta un informe, pasando por la entrada a un espectáculo. Y, como ya hemos comentado, tendríamos la posibilidad de hacer copias y reproducirlas, al igual que haríamos al escanear e imprimir una lámina de *Las meninas.* A este respecto, hay que tener en cuenta los derechos de propiedad intelectual de determinadas obras, que evitarían su libre reproducción. En cualquier caso, lo importante es resaltar que la titularidad del NFT almacenada en la *blockchain* seguiría siendo del usuario que la posee en su monedero electrónico, independientemente de las copias que otras personas realicen y del uso que le den.

Entre 2019 y 2022 este tipo de tókenes han crecido mundialmente y de forma exponencial en sectores como la música, los videojuegos, el arte o la moda. Marcas conocidas y no tan conocidas, artistas, equipos de fútbol, empresas de videojuegos, etc., han impulsado iniciativas que tienen como base los NFT para crear una comunidad, ofrecer productos o sacar al mercado nuevas líneas de negocio.

Es sencillo darse cuenta de que en el futuro todo aquello que pueda convertirse en NFT será un NFT. Pensemos en una entrada de fútbol, un título universitario, un elemento de un videojuego o un contrato de alquiler. Todos estos documentos, transformados en un NFT, pasarían a tener las propiedades de un criptoactivo (resistentes a la censura, públicos, sin fronteras, neutrales y abiertos), lo que redundaría en beneficios para el emisor y el comprador y reduciría a cero la posibilidad de fraude. Mejoraría, asimismo, la experiencia del usuario.

1. ¿Qué es realmente y cómo se crea un tóken no fungible?

Un NFT es un archivo digital guardado en una *blockchain* y cuya titularidad pertenece a un usuario concreto. Una persona puede poseer un número determinado de *ethers,* bitcoines, DAI, USDC o cualquier otra criptomoneda, pero también tener asignados bienes no fungibles, como una imagen, un vídeo, un certificado o un texto. Es el propietario del criptoactivo original y el único capaz de transferirlo.

———

Un NFT es un archivo digital guardado en una *blockchain* y cuya titularidad pertenece a un usuario concreto.

Crear un NFT no está reservado a quienes tienen grandes conocimientos informáticos o a programadores del sistema *blockchain;* solo es necesario disponer de algún tipo de criptodivisa con la que pagar las tarifas que consuma la red para escribir sobre la *blockchain* la titularidad del NFT. Esta tasa es la que reciben los nodos de la red que actúan como *mineros* o *validadores* (como vimos en el cap. 1). Para entenderlo, esta comisión es el equivalente al cobro que realiza un notario por dar fe pública. La única diferencia es que la tarifa de red supone una milésima parte de lo que cobra un profesional de este tipo.

En los últimos años han surgido muchas plataformas que permiten crear NFT, pero todavía en 2022 son pocos los que conocen bien la tecnología que hay detrás y cómo desarrollar un proyecto basado en ellos. Entre todas las opciones disponibles, la más popular es OpenSea[1], que ha mantenido durante 2022 un volumen de transacciones de casi 15 000 millones de dólares. Esta plataforma no solo es el mayor lugar de intercambio de NFT del mundo, sino que también se ha consolidado como un medio para crearlos y grabarlos en la *blockchain.* El usuario tiene la posibilidad de conectar el monedero electrónico donde almacena sus criptoactivos y crear un NFT sobre la red Ethereum o Polygon. También puede venderlo después dentro de la misma plataforma, pagando un 2 % de los ingresos que reciba. El cobro corresponde al servicio de poner en contacto a compradores y vendedores.

Existen otras opciones para convertir cualquier obra de arte, imagen, texto y otros elementos en NFT. Rarible o Solanart son ejemplos. Entre ambas plataformas suman más de dos millones de usuarios activos y un negocio que ronda los 300 millones de dólares. Al igual que en OpenSea, es necesario disponer de unas pocas criptomonedas de Ethereum para realizar el proceso. En el caso de Solanart, los NFT se residencian en la red Solana. Por tanto, el pago y la negociación de todos los activos se realiza en SOL, su criptomoneda nativa.

Algunos de los creadores no solo generan una imagen concreta, sino que elaboran varios NFT a la vez y los enmarcan dentro de colecciones. En secciones posteriores abordaremos la cuestión de las colecciones y las razones de su popularización.

En cualquier caso, no solo es posible crear y vender NFT a través de OpenSea o plataformas similares; las operaciones se pueden hacer directamente sobre la *blockchain,* si bien *marketplaces* como los anteriormente facilitan su creación, compra y venta. Cada una tiene ventajas e inconvenientes en función del objetivo que se persiga.

A mediados de 2022 se produjo un ajuste en el valor de numerosos criptoactivos que puso en cuestión el ecosistema, que muchos sectores dieron por muerto. Bitcoin, Ethereum y otros proyectos sufrieron grandes pérdidas de valoración. Esta situación estuvo provocada, en parte, por la crisis generada ante la quiebra de Terra LUNA, una de las criptomonedas estables más populares. Era una moneda estable algorítmica (es decir, no estaba respaldada y su precio se mantenía a través de la compra y la venta de su algoritmo de control), y debido a ello no pudo afrontar una bajada en su cotización tan fuerte como la que sufrió. El contexto general de incertidumbre hizo el resto. En esta línea, OpenSea también sufrió, en agosto de 2022, una caída de las transacciones casi del 90 %. No obstante, el mercado de los NFT sigue teniendo un gran potencial dentro de sectores todavía por descubrir. La popularización de las plataformas, la facilidad de generarlos y el crecimiento que han experimentado durante todo este tiempo consolidan el gran potencial de estos criptoactivos.

2. ¿Quién paga 430 000 € por un dibujo digital?

La pregunta más repetida cuando hablo con alguien que empieza a entender lo que es un NFT es: ¿para qué sirve? Puede tener muchas funcionalidades o no servir absolutamente para nada. Se trata de un sector que está naciendo al que le queda mucho camino por recorrer. Durante su inicio y también años más tarde han surgido colecciones de imágenes que se han convertido en objetos de culto para la comunidad. Un ejemplo son los Bored Ape y los CryptoPunks, que forman parte de un grupo de activos con características comunes.

Los Bored Ape nacieron en abril de 2021 y fueron lanzados por la compañía Yuga Labs. Cada «mono aburrido» es una imagen irrepetible. Los poseedores de estos tókenes forman parte de una comunidad conocida como Bored Ape Yacht Club (BAYC), un club privilegiado en el que los propietarios acceden a eventos y actividades exclusivas, además de tener el derecho de propiedad intelectual sobre las imágenes. Hay quien ha llegado a pagar 300 000 $ por uno de estos NFT. Este tipo de tókenes tienen mucho que ver con el lujo y con el sentido de pertenencia a una comunidad, como cuando uno lleva un bolso de Michael Kors y quiere mostrarlo para que se sepa que pertenece a una determinada clase social.

Los CryptoPunks son una colección de 10 000 NFT creada en 2007. Esta recopilación de imágenes, que no destacan por su alta calidad, se ha convertido en uno de los objetos de culto de la comunidad cripto. Poseer uno demuestra conocimiento y pertenencia al sector cripto desde sus inicios. Su valor, sin embargo, no es nada simbólico: al igual que tener un piso en el barrio de Salamanca o en el pueblo de Illescas, su cotización depende de lo que la gente esté dispuesta a pagar. El CryptoPunk con número #5822 es, de momento, el más caro de esta serie de 10 000 unidades[2]. Lo compró el CEO de la plataforma Chains.com, Anderson McCutcheon, con 8000 ETH[3] (unos 23.7 millones de dólares en aquel momento). A finales de 2022 seguía siendo el propietario de este NFT.

Al igual que los Bored Ape o los CryptoPunks, otra de las colecciones más populares dentro de los NFT son las EtherRock, que consta de un centenar de imágenes de una roca, cada una con un matiz que las hace distintas. Se han llegado a pagar cientos de miles de euros por el NFT de una de estas imágenes.

Cabe preguntarse por qué alguien pagaría más de 200 000 $ por el dibujo de un mono aburrido, un punki o una roca. Si nos gustan las fotos de las rocas, ¡podríamos tener todas las que quisiéramos gratis! La popularización de los NFT ha hecho que la opinión sobre estos activos digitales se polarice: para unos, son algo disruptivo que cambiará el arte para siempre; otros, sin embargo, piensan que no aportan valor real y que se trata de una burbuja que tarde o temprano explotará. Este debate ha seguido su curso mientras el mercado de los NFT crecía exponencialmente. Los usuarios no solo han comprado y vendido dibujos pertenecientes a colecciones de culto para la comunidad cripto; también han pagado sumas muy altas de dinero por imágenes, texto o vídeos tokenizados que tienen un valor histórico más allá del propio archivo. Por ejemplo, hace dos años se vendió por 208 000 $ un NFT del vídeo en el que el jugador de baloncesto estadounidense LeBron James hacía un mate a Sacramento Kings. El propietario no puede impedir que otros lo vean en cualquier plataforma *online,* pero tiene un NFT original del videoclip. Otro ejemplo interesante es el NFT del primer tuit que se publicó en la red social Twitter. Fue a finales de 2020 cuando el empresario Jack Dorsey convirtió su primer tuit (que solo decía *just setting up my twttr*) en un NFT. El tóken se vendió unos meses más tarde por 2.9 millones de dólares.

Llegados a este punto, podríamos pensar que cualquiera tiene la opción hacer una imagen digital de este tuit, grabarla en la red a través de OpenSea y venderla como hizo Dorsey. Sin embargo, el certificado de autenticidad no hace referencia en este caso solamente a una imagen convertida en un NFT, sino al hecho de que el primer tenedor del tóken es el propio Dorsey y tanto el registro original como la primera transferencia parten de él. Si encontramos un cuadro del que desconocemos el autor, apenas tendrá valor, pero si descubrimos que lo pintó Rembrandt, su precio subirá exponencialmente. Dentro de muchos años, que Dorsey escribiera y tokenizara el primer tuit seguirá siendo inalterable, y eso es lo que lo convierte en valioso.

Sin embargo, y a pesar de la exitosa primera venta, tiempo más tarde nadie ofreció por él más de unos pocos cientos de euros. Esto no quiere decir que el NFT de repente dejara de tener valor, sino que el mercado de los NFT no es líquido. En un mercado con liquidez, un usuario puede comprar o vender bitcoines en cualquier momento al precio fijado por las órdenes de compraventa de las plataformas, algo que no ocurre en uno que no lo es. Conseguir que el mercado de los NFT sea líquido es uno de los grandes retos de la comunidad DeFi.

Aunque hasta ahora los hemos comparado con obras de arte, en realidad estos activos digitales poseen características muy diferentes, tanto en la forma de propiedad como en la valoración que se hace de ellos. El mercado todavía no ha madurado lo suficiente para poder equiparar estas compraventas con las que se producen en el mundo del arte. Pensemos en un CryptoKittie, un gatito de una popular colección de NFT que está altamente cotizada. Cualquier usuario de Internet puede utilizar la imagen de uno de estos gatitos en su avatar sin que sea su propiedad. Sin embargo, el único que puede certificar que es suyo es el dueño del tóken. Esto supone un cambio de paradigma respecto a las obras de arte tradicionales, en las que se asigna valor a la posesión y a la exclusividad de poder contemplarlas.

En el caso de los NFT, lo verdaderamente importante no es el uso, sino la propiedad, lo que está a la vista de todos en la *blockchain* pública y abierta. Algunas redes sociales, como Twitter, han comenzado a reconocer la pertenencia de los NFT en las cuentas de sus usuarios. Por ejemplo, si una persona es propietario del tóken de un CryptoKittie y lo pone como foto de perfil, la red social cambia el círculo de la fotografía y coloca un hexágono. Es una forma que tiene Twitter de reconocer a los tenedores de imágenes NFT altamente valoradas. De esta forma, ya no es lo mismo que un usuario cuente con un círculo alrededor de una imagen, que evidencia que no es su propietario, que con un hexágono, que indica que sí lo es. Los detractores de este fenómeno argumentan que no aporta valor real; los defensores arguyen que quienes utilizan un NFT que no es suyo se pueden comparar con los que llevan ropa de marca falsificada.

3. Tókenes no fungibles y el metaverso

No es el objetivo de este libro hablar sobre el metaverso o los metaversos. Sin embargo, merece la pena analizar el potencial de la combinación entre ellos y los NFT. El metaverso aspira a ser una recreación o representación virtual de lugares físicos, reales o no, a la que los usuarios podrán conectarse a través de distintos dispositivos para simular que están allí e interactuar con otras personas. Eso sí, siempre que se conecten utilizando la misma plataforma, ya que hay varias y la mayoría no están vinculadas entre sí. Por eso no existe «el» metaverso, sino «distintos» metaversos en función de la plataforma utilizada: Roblox, Decentraland, Earth2 (esta última es una recreación de la Tierra en un mundo virtual), etc.

El concepto de un mundo virtual no es novedoso ni ha nacido con la criptoeconomía o los NFT. Diversas novelas y películas han desarrollado la idea desde hace muchos años y Second Life, una comunidad virtual lanzada en 2003, funcionó como prototipo de su concepción. La diferencia es que, de un tiempo a esta parte, las empresas han detectado un gran potencial de negocio en recrear una realidad alternativa donde los usuarios puedan realizar las mismas acciones que llevan a cabo en la vida real: relacionarse, ir al médico o asistir a un concierto, pero sin moverse de casa y con una experiencia inmersiva.

En un mundo virtual donde se ofrecerán servicios al usuario conectado, los criptoactivos y los NFT pueden desempeñar un papel muy importante. Además de almacenarse en la *blockchain* y contar con todas las características de las que hemos hablado anteriormente, han encontrado en el metaverso un escaparate perfecto. Muchas marcas de sectores como la moda han desarrollado colecciones de NFT que los usuarios tienen la opción de exhibir en el metaverso. Si Gucci crea una serie limitada de NFT con ropa o accesorios virtuales únicos, un usuario puede adquirirlos para «llevarlos puestos», al igual que una persona compra en la vida real un producto porque le gusta esa marca y se siente bien con ella. Existe un caso paradigmático que describe este fenómeno: en la plataforma Roblox, la versión digital del bolso Dionysus de Gucci se vendió por 4000 $, mientras que el producto físico cuesta algo más de 2000 $ en el mundo real.

Muchos de los modelos de negocio basados en el metaverso aún tienen pendiente su desarrollo, pero la afluencia de personas que quieren pasear, vivir experiencias y recolectar tókenes en este tipo de espacios está provocando que las marcas quieran tener presencia en ellos.

La mayoría de los tókenes de los mundos virtuales (sean monedas, sellos, obras de arte o criptogatos) se basan en los estándares de la red Ethereum y de su *blockchain*. La trazabilidad total es quizá una de las características con mayor potencial a la hora de analizar el futuro. Antes de la llegada de la *blockchain,* era difícil desarrollar una trazabilidad confiable para sectores como el del arte. Tras su implantación, un NFT mantiene un historial completo e inmutable de quién lo ha comprado, quién lo ha vendido, en qué momento se realizó la operación y la cantidad que se ha pagado por él. También permite conocer qué usuario acuñó por primera vez el activo. Los diseñadores gráficos, los fotógrafos, los escritores y todo el universo de la propiedad intelectual podrían actuar ante plagios o atribuciones incorrectas de autoría, lo que daría solución al gran problema que tienen estos profesionales en la actualidad.

En este punto cabe destacar que la tecnología *blockchain* también permitiría diferenciar claramente al poseedor de los derechos de una obra o un tóken y a su creador. Es decir, Dorsey, uno de los cofundadores de Twitter, siempre será el creador del primer tuit, y su autoría será siempre suya, independientemente de quien posea el NFT, pero en otros casos creador y propietario serán diferentes.

La propiedad sobre un NFT es absoluta, característica que marca la diferencia respecto a otros servicios digitales similares. No se trata de un derecho de uso, una licencia o una cesión temporal por parte de un tercero; el usuario es el único propietario de dicho NFT en tanto en cuanto es el único que puede transferirlo a otro beneficiario, todo ello dentro de una red neutral, pública, abierta, resistente a la censura y sin fronteras. Los NFT utilizan contratos inteligentes para incluirse dentro de la *blockchain,* lo que facilita que usuarios que no confían ni conocen a la otra parte puedan hacer transacciones de este tipo de activos sin ningún tipo de problema.

Cuando Nakamoto publicó el artículo que describía el bitcoin en 2008, en ningún momento se refirió a los NFT. Estos criptoactivos han sido un desarrollo posterior de las características de trazabilidad, inmutabilidad, neutralidad o resistencia a la censura que aporta la tecnología *blockchain.* Esto demuestra que todavía queda mucho por descubrir sobre esta red. En los inicios de Internet, los usuarios solo pensaban en la utilidad de enviar y recibir información a través del correo electrónico. Fue más tarde cuando nacieron las webs y, más adelante aún, las redes sociales e infinidad de otros servicios. Lo mismo ocurrirá con las redes *blockchain:* el dinero o los NFT son solo dos de sus múltiples aplicaciones dentro de un enorme mundo de posibilidades.

4. Un activo digital único sobre el que construir bienes y servicios

En estos primeros estadios de desarrollo de la criptoeconomía, el público general puede pensar que comprar un NFT solo para disponer de un título de propiedad sobre un bien digital o mostrarlo en el metaverso no son motivos suficientes para gastar dinero en ellos. Sin embargo, no deberíamos ver estas dos circunstancias como el fin último de estos criptoactivos, sino como el inicio de una revolución tecnológica que permitirá construir bienes y servicios. Toda una generación está empezando a dar más valor a un activo digital que a uno físico, y ahí se abre la puerta a nuevos modelos de negocio.

Es evidente que el potencial de los NFT está todavía por llegar. En unos años serán la base de negocios aún no inventados, pero sobre cuyos modelos la industria ya está trabajando. Para imaginar algunos solo debemos pensar en qué ámbito de la economía, el comercio o el mercado sería necesario disponer de un activo no fungible, inmutable y totalmente trazable y preguntarse qué productos y servicios sería posible construir sobre un elemento con estas características.

Reflexionemos sobre una entrada para el fútbol, para un concierto o para cualquier otro espectáculo. Si fueran un NFT, contarían con inmutabilidad total y, por tanto, sería imposible falsificarlas. Gracias a la trazabilidad, se podría programar un mecanismo que impidiera la reventa o que permitiera al autor cobrar un pequeño porcentaje de esa venta secundaria. Por último, existiría la posibilidad de que algunas se revalorizaran con el tiempo y fueran atractivas para coleccionistas y fans, ya que normalmente la importancia del evento se conoce años después. Imaginemos que alguien conservase una entrada del mítico concierto que Freddie Mercury ofreció en el Estadio de Wembley o del partido en el que el Real Madrid conquistó su décima copa de Europa. Si se hubiesen emitido como NFT, no se hubieran deteriorado y podrían tener un gran valor para un determinado público, ya que sería fácil comprobar su autenticidad, la fecha de emisión y las transacciones realizadas desde entonces con este criptoactivo.

Si pensamos en otro tipo de documento, sería posible, por ejemplo, acuñar un título universitario en forma de NFT, lo que facilitaría su emisión y conservación, al tiempo que evitaría el fraude. Un centro de enseñanza podría grabar sus títulos en una *blockchain* y comprobar quién emitió ese NFT, cuándo, a quién pertenece y en qué condiciones. En otros sectores, como el de los videojuegos o el del arte, este tipo de criptoactivos tienen un camino enorme por delante: aún no se ha alcanzado ni el 1 % de su potencial.

5. Un contrato de alquiler convertido en tóken no fungible

La *startup* Nash21[4] ha desarrollado un modelo de negocio uniendo el mercado del alquiler y la criptoeconomía. La idea es que el inquilino y el propietario firmen un contrato inteligente, cuyo cumplimiento está garantizado, y que este se pueda transferir a un tercero a través de la *blockchain*. De esta manera, los contratos de arrendamiento se convertirían en un activo líquido.

El objetivo de esta empresa es que un propietario pueda vender el contrato de arrendamiento de uno de sus inmuebles y, por tanto, las rentas que cobra del inquilino, a un tercero. De esta forma, si el propietario necesita liquidez en un momento determinado, la obtiene mediante la transacción de este contrato.

Por su parte, la persona que decide adquirir este NFT puede ser un inversor que no desea adquirir la propiedad de un inmueble para alquilarlo o que no cuenta con la capacidad económica para ello pero tiene como objetivo invertir en el mercado inmobiliario. A través de la compra de un contrato de arrendamiento, podrá contar con el beneficio que obtenga de las rentas pagadas por el inquilino. Llegados a este punto, conviene aclarar que la *startup* funciona como intermediaria, por lo que se compromete a hacerse cargo de posibles impagos. De esta forma, tanto el propietario como el inversor tienen garantizada la renta. Los recursos para el pago de ese dinero son aportados por distintos inversores, quienes esperan obtener beneficio tras bloquear sus criptoactivos como acreedores de ese NFT. Este es el punto en el que se beneficia el inquilino, ya que la plataforma puede adelantar el pago de su renta en determinadas condiciones si él no está en disposición de hacerlo.

En definitiva, utilizar esta plataforma y convertir un contrato de alquiler en un NFT tiene enormes ventajas para todos los implicados: los propietarios de inmuebles pueden tokenizar, garantizar y subastar el contrato de arrendamiento a un tercero, los inversores tienen la posibilidad de obtener rentabilidad comprando NFT con el cobro de la renta asegurado y a los inquilinos les permite garantizar el futuro pago de su alquiler.

6. Activos reales sobre tókenes no fungibles

Los criptoactivos siempre suelen asociarse a cuestiones no tangibles. La pregunta ¿qué hay detrás de las criptomonedas? de la que hablábamos en el capítulo 1 se traslada también al ámbito de los

NFT: ¿qué hay detrás de los NFT? Algunos de los inversores más respetados del mundo han afirmado que no son más que tulipanes, que basan su valor en encontrar a alguien que los compre por un poco más de lo que nos costó a nosotros. Sin embargo, esto no es cierto.

El protocolo Centrifuge[5] es el puente entre los activos reales de la economía y las DeFi. Su objetivo es que cualquier usuario sea capaz de representar un bien de la vida real en un NFT. Ha de hacerse con un NFT y no con otro tipo de activo digital porque el primero, al igual que el objeto real, es único e irrepetible. Se puede representar cualquier bien tangible, por ejemplo, una vivienda o un coche, a través del contrato de compraventa o de la factura emitida al adquirirlo.

Los usuarios que deseen liquidez tienen la opción de utilizar Centrifuge para obtener recursos bloqueando sus bienes, es decir, dejando en garantía un activo de la vida real. En la otra parte del protocolo se encuentran quienes desean obtener rendimiento del proceso: inversores que prestan sus fondos a los que dejan sus bienes bloqueados a cambio de un interés atractivo. El sistema conecta a las personas que necesitan recursos con otras que pretenden obtener rendimientos prestando dinero. El método de préstamos es el mismo que el de un banco, y Centrifuge trata de solucionar uno de los problemas que impiden la popularización de las DeFi: las garantías en los préstamos. Este protocolo emplea un conjunto de herramientas de código abierto, como Tinlake o Centrifuge Chain, para establecer avales entre el inversor y el prestatario. En resumen, la clave de Centrifuge estriba en conseguir que un NFT se considere un colateral sobre el que pedir liquidez o una garantía de préstamo tipo aval y no solo una mera imagen, todo esto de forma descentralizada y sin intermediarios.

La llegada de Bitcoin provocó, por primera vez en la historia, que fuera posible generar escasez digital de un bien. La irrupción de los NFT ha promovido la existencia de activos únicos que se transfieren por la red, por lo que se abre un mundo de posibilidades en infinidad de sectores y ámbitos. Un NFT puede representar el enlace con algún activo del mundo real o ser únicamente una imagen grabada sobre una *blockchain,* pero conforman un lenguaje que acaba de nacer. Los dibujos de monos aburridos o los Crypto-Punk son solo una anécdota en comparación con la revolución social y tecnológica que van a originar.

7. Cómo valorar un tóken no fungible si es solo una imagen digital

¿Cuánto vale un NFT? La respuesta a esta pregunta no puede ser otra que lo que fije el mercado en cada ocasión. Dicho de otra forma: lo que un usuario esté dispuesto a pagar por él en un determinado momento. Sin embargo, las valoraciones de los NFT y, en general, de cualquier criptoactivo son un asunto clave que todavía está por desarrollar.

El mercado de los NFT ha sufrido oscilaciones bastante importantes como consecuencia de su falta de madurez, lo que ha generado ciertas distorsiones. Esto ha provocado, a su vez, que muchas personas cuestionen el valor real de los activos que se compran y venden en el ecosistema cripto. Ya hemos comentado que el precio de un NFT lo fija el mercado. Sin embargo, conocer el valor de un activo en posesión de un usuario que no tiene la intención de venderlo no resulta tan fácil. También es complicado fijar la valoración de un NFT que no representa ningún bien en el mundo real, sino que es solo una imagen de cualquiera de las colecciones que hemos analizado anteriormente. ¿Podría usarse como garantía para obtener un crédito en cripto? ¿Habría alguien interesado en adquirir rendimientos sobre un aval que no representa ningún activo real? ¿Cómo podemos establecer el valor de dicho activo?

La comunidad ha desarrollado diversas herramientas para conocer, por ejemplo, la cotización de un NFT que no representa un activo real. Hay herramientas como Unlockd[6] que se apoyan en otros protocolos para solicitar préstamos sobre un NFT.

Gráfico 5.1 Pasos para pedir un préstamo cripto con la garantía de un tóken no fungible

1 Depositar el NFT en una plataforma de valoración

2 Conseguir una tasación (inmediata o mediante valoración colectiva)

3 Seleccionar tókenes hasta un 85 % de la valoración: el líquido se recibe al instante

4 Mantener una línea de crédito sana para conservar la capacidad de endeudarse

La forma de funcionamiento de Unlockd es bastante sencilla. En primer lugar, el usuario deposita el NFT en un contrato inteligente de custodia programado por la plataforma. A partir de ahí, puede obtener una valoración instantánea o esperar a que la comunidad lo haga. Para fijar el precio, Unlockd consulta seis fuentes. En cualquier caso, el interesado tiene la opción de retirar el 85 % del valor de tasación a través de tókenes seleccionados por él mismo, es decir, en bitcoines, *ethers* u otra criptomoneda. El préstamo no tiene límite temporal y por tanto se puede mantener en el tiempo siempre que se conserve una capacidad de crédito adecuada. Este protocolo también ha desarrollado mecanismos para proteger a los prestamistas. A través de un marco de liquidez, garantiza liquidaciones al valor del mercado.

Existen otras herramientas para valorar y pedir un préstamo sobre un NFT. Valorar un NFT es muy distinto de valorar un bitcoin. En el caso de las criptomonedas existe un mercado *spot* en el que es posible comprar y vender a un precio concreto. Es un mercado líquido. Sin embargo, en el caso de los NFT es necesario valorar un activo. Es el caso de Abacus[7]. Sus usuarios pueden obtener tókenes ABC por la utilización de esta plataforma que sirven de unidad de pago dentro de ella. El funcionamiento de Abacus se explica en la siguiente imagen.

Gráfico 5.2 Funcionamiento de Abacus

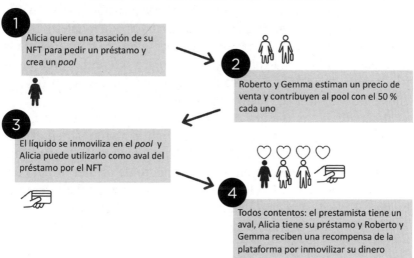

1. Alicia quiere una tasación de su NFT para pedir un préstamo y crea un *pool*

2. Roberto y Gemma estiman un precio de venta y contribuyen al pool con el 50 % cada uno

3. El líquido se inmoviliza en el *pool* y Alicia puede utilizarlo como aval del préstamo por el NFT

4. Todos contentos: el prestamista tiene un aval, Alicia tiene su préstamo y Roberto y Gemma reciben una recompensa de la plataforma por inmovilizar su dinero

El aspecto clave de este tipo de protocolos es que aportan liquidez a un activo que no es líquido. Volviendo al ejemplo de *Las meninas*, podríamos pedir un préstamo con la pintura como garantía y, mientras paguemos las cuotas, tendríamos la opción de seguir manteniendo el cuadro en el museo. Lo mismo ocurre con el NFT en este caso. Un usuario puede bloquear su NFT en la plataforma y recibir fondos en forma de préstamo al tiempo que continúa utilizando todos sus derechos asociados. Por ejemplo, en el caso de pedir una hipoteca sobre nuestro NFT, podríamos seguir viviendo en nuestra casa y conservar su propiedad siempre que pagáramos las cuotas mensualmente.

¿Qué riesgos existen durante este proceso? Por ejemplo, que la plataforma desencadene una liquidación. Esto sucede cuando el valor del activo que respalda el crédito no cubre el capital solicitado, es decir, cuando el precio del NFT no alcanza el valor del préstamo. Si se desata una liquidación, el prestatario pierde de forma permanente la propiedad de su NFT. Sin embargo, durante el proceso el usuario puede repagar su deuda y preservar la pertenencia de su activo.

La carencia de liquidez constituye el mayor reto al que se enfrenta la industria cripto. El mercado del bitcoin o del *ether* resulta líquido, lo que no ocurre con los NFT, y muchos de los problemas que han sufrido diversos proyectos se han debido a que, en algún momento, los usuarios percibieron falta de liquidez y confianza. Las plataformas de creación de NFT y los protocolos de valoración resuelven este inconveniente al permitir disponer de recursos adicionales para seguir comprando NFT o cualquier criptoactivo pero conservando la propiedad del bien. La coordinación entre los diferentes protocolos y la autorregulación del mercado serán clave durante los próximos años para asegurar su crecimiento sostenido.

Más allá de la compra de los NFT como objeto de culto, este tipo de activos se convertirán en una herramienta fundamental para representar activos reales en la *blockchain* y facilitar su comercialización. También constituyen un instrumento de primer orden para construir productos y servicios asociados a su trazabilidad e inmutabilidad. Todo esto ocurrirá en una gran variedad de sectores, desde el ámbito académico hasta el ocio. La revolución del Internet de la información se extendió rápidamente; la revolución del Internet del dinero no ha hecho más que empezar, y los NFT representan una de sus herramientas más valiosas.

8. Jugar *online* para ganar criptoactivos. ¿Qué es el *play to earn* (P2E)?

Desde el nacimiento de las videoconsolas, la industria del videojuego ha funcionado a través de un modelo muy simple pero efectivo: el usuario compraba un juego, lo introducía en la consola y empezaba a divertirse. Las compañías basaban su beneficio, por un lado, en la comercialización del dispositivo (PS4, Xbox, etc.) y, por otro, en el desarrollo de videojuegos que colocarían más tarde en el canal de venta. El modelo que ha imperado en los últimos treinta años es simple pero efectivo.

En los últimos años, sin embargo, han sufrido dos revoluciones: una que ya pasó y otra que está por terminar. El sistema tradicional no ha desaparecido, pero ha dado paso a grandes oportunidades para las compañías del sector de la mano del desarrollo tecnológico de Internet, primero, y del Internet del valor, después.

La llegada de Internet cambió el modelo, aunque mantuvo su esencia. Hizo que los usuarios comenzaran a usar los *free to play,* que permitían jugar gratis, es decir, sin necesidad de un desembolso inicial, ya que no había que comprar un CD o pagar por la descarga. Juegos tan populares como *League of Legends* (LoL), *Valorant* o *Fortnite* son un ejemplo de este sistema. Cabe preguntarse cómo consiguen ingresos las empresas si los videojuegos que los niños pedían antes a los Reyes Magos pueden descargarse ahora gratis de la Red. Y la respuesta es: con un nuevo modelo. El juego no tiene coste, pero se venden opciones y elementos añadidos. En los de acción, el usuario puede adquirir nuevas armas, cambiar su estética u obtener otros elementos. Por esta razón en los últimos años los niños de diez años en adelante ya no les piden a los Reyes Magos ir a un centro comercial a por el último juego de moda; quieren la tarjeta de crédito para conseguir nuevos elementos de un juego que se han podido descargar gratis.

Además del *free to play,* la industria del videojuego ha desarrollado otros modelos: en un videojuego *pay to fast,* el usuario puede comprar ventajas que le ahorran tiempo: un arma más poderosa, un vehículo más potente, etc. (esa superioridad podría concretarse en armas que se desbloquean según se avanza en el juego o en vehículos que optimizan el rendimiento del usuario); en los *pay to progress,* el jugador tiene opciones, normalmente temporales, para aumentar su poder adquiriendo unos potenciadores. Estas mejoras están disponibles para cualquier jugador, pero solo para quien llegue a determinado nivel o pague para tenerlas antes que el resto de usuarios.

La llegada del Internet del valor ha ido un paso más allá en la transformación de la industria del videojuego. Hemos pasado de pagar para jugar a que nos paguen por jugar. Son los conocidos como videojuegos *play to earn* y sus diferentes variaciones.

9. Uso de tókenes no fungibles en *play to earn*

Las mayores innovaciones de la historia siempre han surgido de la unión de pequeñas mejoras y descubrimientos en diferentes ámbitos. Los tipos de negocio que están naciendo en el entorno de los *play to earn* son consecuencia de la unión de NFT, nuevos modelos de juego y el pago con criptoactivos.

Los elementos que un usuario compra dentro de la plataforma de un videojuego pueden construirse de múltiples formas y, tras la llegada de los criptoactivos, una consiste en constituirlos como NFT. Si ese NFT representa una ventaja, es evidente que su valor subirá, y muchos jugadores querrán poseerlo. Así, dentro de los juegos *play to earn* se genera una economía propia con un mercado interno donde los usuarios compran y venden NFT en función de sus necesidades y su disponibilidad presupuestaria.

Hay distintos modelos de juegos clásicos que han desarrollado economías cuyo modelo de negocio se basa en la compraventa de NFT. Es el caso de *Sorare*[8], donde se coleccionan cartas de jugadores de fútbol. Los futbolistas están representados por diferentes NFT. Cada interesado puede alinear hasta cinco jugadores una vez que haya comprado sus tókenes dentro de la plataforma. Si estos tienen un buen desempeño en el mundo real, obtendrá un premio. Es común que algunos NFT de jugadores importantes lleguen a costar más de 10 000 €. Esta plataforma, que ha llegado a estar valorada en 4300 millones de euros, es un ejemplo del modelo *play to earn,* donde se combinan la compraventa de NFT, los criptoactivos y un juego clásico como el coleccionismo de cartas.

Durante la pandemia, muchas personas obtuvieron ingresos extra mediante juegos como *Axie Infinity*. Este videojuego enfrenta en una batalla por turnos a dos usuarios, representados por unas criaturas llamadas *axies* en el sistema interactivo, y el ganador obtiene una recompensa. Para algunos usuarios 50 € en criptomonedas pueden no ser mucho dinero, pero para jugadores de determinados países representan una parte importante de la renta mensual. La criptoeconomía, a través de *play to earn,* conecta a personas de todo el mundo de cualquier nivel económico y condición.

A estas alturas cabe preguntarse para qué se necesitan los NFT, los criptoactivos y toda esta innovación tecnológica para jugar a un videojuego tan simple como *Axie Infinity,* que es parecido a *Pokémon.* Tiene su explicación. Cada *axie* es un NFT, es decir, un activo único dentro de la red *blockchain* de Ethereum que puede comprarse y venderse porque tiene características únicas que lo hacen idóneo para determinadas batallas. Además, es posible combinar estas criaturas (convertidas en NFT) para crear unas nuevas que posean las particularidades de las originales. Este proceso, por tanto, da lugar a nuevos criptoactivos, que son la combinación de otros. Los usuarios compran *axies* porque pueden ganar criptomonedas a través de las batallas ganadas y porque, gracias a que son NFT, pueden transferirse con total garantía.

El modelo económico que existe dentro del juego combina un mercado de compraventa de *axies* y un tóken llamado *Small Love Potion,* que cotiza en determinados *exchanges*. Este tóken es la fuente de energía principal a través de la cual los jugadores crían a los *axies* y llegó a crecer cerca de un 300 % entre 2021 y 2022. Sin embargo, la dinámica económica propia de *Axie Infinity* va más allá del juego. Un usuario puede ganar tókenes SLP dentro de la plataforma y venderlos en Binance para obtener euros, bitcoines o dólares. La robustez del sistema está garantizada gracias a que los activos se registran sobre la red Ethereum.

El Internet de la información hizo posible los juegos *online*. En la actualidad, todos los videojuegos de cualquier plataforma tienen su versión *online,* bien para enfrentarte a otros jugadores, bien para obtener recompensas que hacen más emocionante la experiencia. Prácticamente ninguno posee ya una versión 100 % *offline*. La llegada de los criptoactivos va a transformar la industria del videojuego al mismo nivel que lo hizo el Internet de la información. Los nuevos modelos ya han renovado la forma de jugar y el perfil del jugador. La posibilidad de ganar dinero real atrae el interés de personas que, hasta ahora, no habían sido usuarios de los videojuegos tradicionales. El potencial resulta enorme y el mercado al que se dirige este tipo de productos, gigantesco.

10. ¿Alquilar un tóken no fungible de otro para ganar?

Quizá solo quienes han pasado mucho tiempo delante de un videojuego puedan entender el modelo de negocio que hay detrás de alquilar un NFT. Imaginemos un arma poderosa dentro de *Call of Duty* o de *Fortnite* o un *skin* (ropa para el juego) exclusivo del que solo existen unas pocas unidades. Algunos jugadores podrían pagar una pequeña cantidad de dinero por utilizarlo de forma puntual en una partida importante, ya que comprarlo puede ser realmente caro y quizá no esté al alcance de su economía. La primera vez que escuché hablar de ello fue cuando un buen amigo me dijo: «Mi nave espacial en el metaverso vale más que mi coche». Es una buena forma de describir la importancia que algunos participantes dan a los activos NFT que poseen dentro de los juegos.

Este nuevo modelo es el que han aprovechado algunas *startups* para abrirse camino. Es el caso de la española Dragon Corp Games. A las empresas de este tipo se las conoce como *Guilds de Scholarship*. En su web se definen como un puente perfecto entre quienes quieren dedicar su tiempo a jugar y aquellos que desean invertir su dinero para aportar el mayor valor posible al metaverso. Es posible hacerlo gracias a las *Yield Guild Games* (YGG), DAO formadas por jugadores e inversores que se ayudan entre sí. Los inversores compran NFT y los ponen a disposición del resto de miembros para que los puedan utilizar para ganar recompensas dentro de un juego. A cambio, aquellos que prestan sus NFT reciben una parte de las ganancias.

Hasta ahora, los videojuegos recompensaban al jugador con una competición contra el ordenador, contra sí mismo o contra otros jugadores. Era una forma de entretenimiento, estimular las habilidades o hacer reflexionar. Así surgieron los *eSports,* videojuegos en los que se enfrentaban dos equipos. En los juegos tipo *Fortnite* se dio un paso más y ya se podían comprar apariencias para los personajes, nuevas estéticas para las armas o productos similares. Solo con estas compras la creadora de *Fortnite,* Epic Games, obtuvo más de 9000 millones de dólares en facturación durante 2018 y 2019. En 2020 registró más de 5000 millones de beneficios. Hay que remarcar que estas cifras pertenecen a un juego en el que las compras no generan ninguna ventaja competitiva y ganar no supone ningún beneficio económico. La llegada de los *play to earn* ha llevado estas competiciones a otro nivel, ya que en cualquier partida el usuario arriesga sus recursos. Existe un enorme potencial en este tipo de juegos porque la venta de mejoras dentro de la plataforma se dispara y e incluso nacen nuevas formas de organización social para conseguir el objetivo final: ganar la recompensa.

Compañías como Dragon Corp Games son solo el inicio de un gran campo para desarrolladores, usuarios e inversores. Financiar un NFT que constituye una ventaja en un juego *play to earn* puede parecer extravagante, pero cada vez será más común. Se trata de una inversión financiera como cualquier otra, genera beneficios y puede ser analizada como tal. El mundo de los criptoactivos cuenta con los mismos mecanismos que cualquier otro sistema económico: si se aplican los incentivos adecuados, se obtendrán los resultados deseados.

Hay quien considera que los NFT carecen de valor y que el interés de compradores y vendedores es meramente especulativo. Es entendible que alguien que no conoce en profundidad la tecnología pueda pensarlo: todos hemos pasado por esa fase. Sin embargo, se ha de considerar una pregunta clave: ¿serían posibles estas economías dentro de los juegos, la entrega de recompensas o la transferencia de elementos entre usuarios sin la *blockchain* que hay detrás de los NFT? Evidentemente, no. La tecnología es lo que hace posible este cambio cultural y social en una industria tan importante como la del entretenimiento.

6
DeFi: ¿amenaza para el sistema bancario u oportunidad sin precedentes para todos?

En este capítulo se analiza la difícil compatibilidad entre el avance de los criptoactivos y las resistencias del sistema económico y financiero mundial. Los bancos centrales se han destacado por ser muy críticos con el ecosistema cripto pero a la vez han lanzado monedas electrónicas, como las emitidas por un Banco Central (*Central Bank Digital Currency* [CBDC]). Los principales objetivos de este capítulo son:

- Reflexionar sobre las ventajas que aporta disponer de un medio de pago basado en una red global como Bitcoin, Ethereum, etc.
- Analizar la respuesta que las instituciones financieras están dando ante el avance de la criptoeconomía y la popularización de muchos protocolos.

Como dice Antonopoulos en su libro *El Internet del dinero:* «Bitcoin crea un entorno completamente preparado para la innovación, ya que no es solo una moneda; es una tecnología, una red, y, además de todo eso, también una moneda. Puedo deciros hoy que estoy encantado de que el precio del bitcoin esté creciendo tanto, ya que tengo algunos bitcoines y eso lógicamente es algo que siempre gusta. Sin embargo, en realidad, lo que menos me interesa es su precio. Si el bitcoin mañana por la mañana se desmoronara, su tecnología seguiría siendo revolucionaria. Puede desaparecer una página web porque los usuarios dejen de visitarla o pueden dejar de ser rentables algunos de los negocios construidos sobre Internet, pero esto no hará que Internet desaparezca».

La criptoeconomía reduce hasta límites insignificantes los costes de transacción globales. Anteriormente se ha señalado que una disminución de este gasto del 0.1 % multiplicaría por 4 la riqueza de un país. Solo por esta razón, las instituciones deberían explorar las posibilidades que ofrece la utilización de criptoactivos a ciudadanos, empresas y países para sus transacciones internacionales. En cualquier caso, este es el uso más intuitivo, pero el que menos potencial tiene en comparación con otras funcionalidades.

Como ya hemos comentado, algunas instituciones financieras siguen mirando las criptomonedas con recelo. Este tipo de criptoactivos y su ecosistema han sido calificados de múltiples formas, desde «salvaje oeste» hasta «estafa piramidal». Sin embargo, a finales de 2022 se produjo un cambio de tendencia a medida que más instituciones financieras, públicas y privadas, analizan y descubren el gran potencial de esta tecnología para su sector. Algunos bancos centrales se han lanzado a emitir monedas electrónicas, otros han empezado a plantearse aceptar pagos con monedas estables y ya existen entidades bancarias que están empezando a invertir en empresas que poseen criptoactivos, ofrecen servicios de custodia o muestran a los clientes las posibilidades que ofrecen las criptomonedas en su porfolio de inversiones. Podemos encontrar múltiples ejemplos. BBVA Suiza ofrece a sus clientes inversiones en criptoactivos. El banco francés Societé General solicita préstamos a través de MakerDAO, que como se comentó anteriormente es la DAO que gestiona la moneda estable DAI.

Las monedas electrónicas son una oportunidad más que una amenaza. No es probable que acaben con el sistema bancario, con los bancos centrales o con monedas fiduciarias como el euro o el dólar, pero pueden ser la solución para ciudadanos que no disponen de acceso al sistema financiero tradicional. Hasta hoy, para conseguir crédito, un territorio tenía que contar con un sistema bancario a través del cual los ciudadanos pudieran interaccionar. Con la llegada de la criptoeconomía, los usuarios solo necesitan una conexión a Internet para beneficiarse de un modelo de finanzas neutral, abierto, resistente a la censura y sin fronteras.

Vivimos en un mundo en constante cambio, en el que unas pocas líneas de código de programación son capaces de sustituir a miles de trabajadores. Con solo once líneas, un sistema puede desarrollar procesos de aprendizaje basados en prueba y error con un rendimiento muy alto. El Internet de la información y la informática han transformado sectores enteros y todavía hoy se está investigando el enorme potencial que encierran. Ejemplos como ChatGPT muestran que una tecnología como la inteligencia artificial que llegó hace años a la industria puede transformar sectores enteros al madurar.

El sistema bancario tradicional ya tuvo que adaptarse a la llegada del Internet de la información. Primero, se lanzó a ofrecer productos que resultaban mucho más competitivos para los clientes si los trámites se realizaban a través de Internet. Luego, las sucursales redujeron sus plantillas. En la actualidad es difícil encontrar a alguien en el centro de una gran ciudad que acuda a la oficina a retirar o ingresar dinero. Todo se hace a través de la Red, y la tendencia se está incrementando. En pocos años, el sistema bancario ha pasado de competir por tener unas buenas oficinas donde pudieran acudir los clientes a invertir ingentes cantidades de dinero en digitalizar sus procesos, aumentar la ciberseguridad de sus plataformas y asegurar que su canal *online* cuente con una calidad de servicio similar a la que ofrece el presencial. Pero el sistema bancario sigue teniendo limitaciones del pasado que ni siquiera la llegada de Internet ha conseguido resolver: la forma de pago no se ha adaptado al medio.

El Internet de la información permitió desarrollar modelos de negocio globales, como las redes sociales o los diarios digitales, cuyo modelo de negocio no existiría sin él. Cualquier ciudadano del mundo es capaz de ofrecer o solicitar servicios sobre esta gran infraestructura. Por ejemplo, podemos comprar un producto a través de Amazon y tenerlo en casa en muy poco tiempo, pero el pago sigue haciéndose a través del banco, con las limitaciones del mundo bancario tradicional: el coste de las transferencias del que ya hemos hablado. Por ejemplo, una transacción internacional de 5000 $ puede llegar a tener una comisión de 400 $. Si es un gran inconveniente en cantidades más o menos importantes, los negocios que viven de pequeñas pero numerosas transacciones se vuelven inviables. Esos mismos 5000 $, transferidos a través de la red de pagos de cualquier criptomoneda podrían llegar a tener un coste de transacción máximo de 40 céntimos .

Las criptodivisas permiten saltar la barrera de las formas de pago tradicionales. Como cualquier otra innovación tecnológica, sirven para hacer más eficientes determinados procesos. No solo permiten acabar con los elevados costes de transacción, sino que también hacen factibles nuevos modelos de negocio basados en un gran número de pequeñas transferencias. Por un lado, una operación de 250 000 $ en bitcoines puede tener un coste de solo 4 $; y, por otro, un usuario que dispone de *ethers,* bitcoines o DAI (recordemos que 1 DAI corresponde a 1 $) tiene la posibilidad de hacer una transacción de 0.000 000 01 bitcoines o de 0.000 0001 DAI (mucho menos que 1 cént. de euro) con un coste de transacción insignificante. Acabar con la ineficiencia que existe actualmente puede generar enormes beneficios no solo a los ciudadanos, sino también al sistema bancario. Muchos negocios que no pueden nacer, ahogados por los costes de transacción, verían la luz y entrarían en la lista de clientes rentables de las entidades.

El problema del sistema bancario tradicional es que no está optimizado para realizar pagos a través de Internet, ya que su origen se remonta al siglo XX y su funcionamiento está pensado para los negocios de ese siglo. En las sociedades del siglo XXI, el Internet del valor es la respuesta de la tecnología a estas limitaciones ante el enorme reto de la economía global y los negocios en la Red. Ahora y en el futuro, la criptoeconomía transformará por completo la manera en la que los ciudadanos de todo el mundo intercambian valor.

No obstante, la llegada del Internet del valor y por tanto de las criptodivisas plantea retos importantes para el sistema financiero mundial: cualquiera puede abrirse una cuenta, el sistema es neutral y descentralizado; nadie puede parar una transacción, el sistema es resistente a la censura y la única comisión que cobra la red está en función de la cantidad de información que se envíe y no de la cantidad de dinero.

1. Sinergias entre criptoeconomía y sistema bancario

En 2021 un informe de la consultora KPMG no dejaba lugar a dudas sobre la manera en la que las DeFi van a cambiar la forma, el tamaño y el negocio de las entidades bancarias en el ámbito mundial: «La forma como compiten los bancos dentro del mundo digital ha evolucionado para siempre y esto se debe a la creciente aceptación de los criptoactivos en el mercado, al rápido avance de la tecnología asociada a las criptomonedas y a la participación a escala de las instituciones financieras. La adopción de los criptoactivos a nivel institucional, por ejemplo, está impulsando el factor innovación dentro de la gama de los principales productos y servicios bancarios: custodia, corretaje, compensación, liquidación, préstamo y otros. Al mismo tiempo, está emergiendo una nueva infraestructura operativa para la banca que sienta las bases para la resiliencia y el crecimiento en una industria vertiginosamente cambiante». PWC, otra de las consultoras más prestigiosas en el ámbito mundial, hablaba también en 2022 del cambio radical y permanente al que se van a ver sometidos los bancos debido a los criptoactivos.

Es importante señalar que no es oro todo lo que reluce: hay quien ha intentado aprovecharse de los incautos, de la falta de regulación o de ambas cosas a la vez para sacar ventaja. Mientras gran parte del ecosistema desarrollaba productos que generaban valor y crecimiento, otros creaban productos huecos para obtener ganancias fáciles que acababan desmoronándose. Personas que intentan engañar a otros están presentes en todos los ámbitos de la vida, no es exclusivo del mundo cripto. Sin embargo, son la minoría de todos los que dedican su día a día a hacer crecer esta tecnología disruptiva. Lamentablemente, estas actividades han tenido mucha más repercusión que las relacionadas con el establecimiento de nuevos protocolos o el desarrollo de productos y servicios con un fin social. Por eso apenas son conocidos proyectos como EthicHub, que ayuda a los agricultores del café a obtener financiación para vender su producto.

A finales de 2021, el precio del bitcoin estaba en torno a los 60 000 $. Durante los 6 primeros meses de 2022 la coyuntura económica mundial, la alta inflación y la previsión de subida de los tipos de interés por parte de los bancos centrales llevaron a los inversores a dejar el bitcoin por debajo de la barrera psicológica de los 20 000 $. La criptomoneda perdió más de un 60 % de su valor y se registraron importantes caídas también en el resto de monedas electrónicas, como el *ether*. A la coyuntura económica se sumó la quiebra de una de las criptomonedas estables más populares en el ecosistema, Terra Luna, que explicamos en capítulos anteriores. Esta crisis se conoce como *el criptoinvierno*.

El descenso en la valoración de los criptoactivos no es nuevo y ocurre desde que nacieron, pero, a pesar de ello, mientras todo esto tenía lugar, salieron a la luz dos tipos de comportamientos: por un lado, medios de comunicación e individuos que no conocían la tecnología *blockchain* intentaban reforzar la idea de que los criptoactivos eran una estafa piramidal apoyando sus argumentos en los testimonios de usuarios que habían perdido dinero con la caída de la valoración; por otro, determinadas consultoras internacionales, entidades financieras y DAO desarrollaban proyectos y emitían informes sobre las oportunidades de los criptoactivos. Es decir, mientras algunos daban por muertas las criptomonedas, otros aprovechaban para elaborar propuestas sobre una tecnología que seguía creciendo a pesar de la volatilidad de algunos de sus activos. Varios informes hablaban de las ventajas de los activos digitales ya antes del criptoinvierno.

Los partidarios del desarrollo de proyectos sobre criptoactivos defienden las grandes posibilidades para solucionar problemas en el ámbito financiero, aumentar la confianza en determinados productos o llegar donde el sistema actual no es capaz de hacerlo. Disponer de una red global de pagos, sin intermediarios y transparente, no solo es beneficioso para los ciudadanos, sino también para los bancos y demás agentes del sistema financiero. La llegada del telar mecánico acabó con miles de empleos en la industria textil manual; sin embargo, 27 años después multiplicó por 4000 el trabajo del sector. Las innovaciones tecnológicas no destruyen empleo; únicamente lo transforman y especializan. El sector bancario y de pagos lleva sin cambios casi un siglo. El Internet del valor tiene como fin formar parte de su evolución.

2. Estereotipos e inversores

La imagen general de los criptoactivos está más ligada a la especulación que a la creación de valor. Existe un estereotipo preestablecido en la sociedad sobre el inversor en criptomonedas: alguien experto en informática que defiende los activos digitales como una forma de escapar al control de gobiernos e instituciones. También está muy extendida la idea de que se mueve en ambientes ocultos, muy parecidos a los que circulaban en Internet hace treinta años, y que pretende aprovecharse del mercado para obtener enormes ganancias en un entorno de máximo riesgo. En definitiva, no es extraño escuchar que las criptomonedas son para evasores fiscales o delincuentes o para financiar actividades ilícitas.

La población general no piensa en los tenedores de criptoactivos como personas con grandes conocimientos tecnológicos. Sin embargo, un informe reciente de KPMG se hacía eco de una información de Coin Metrics en la que se comparaban la variación del precio del bitcoin y la entrada de distintos fondos institucionales e inversionistas. En el gráfico aparecen fondos de primer nivel internacional, como BlackRock, empresas con gran capitalización, como Tesla, y otras dedicadas a medios de pago, como PayPal. No parecen tener el perfil que está en la cabeza de la inmensa mayoría de la sociedad. En cualquier caso, mientras se extiende la idea de que la inversión en bitcoines y otro tipo de criptoactivos resulta una mala idea, fondos institucionales, empresas y bancos desarrollan estrategias de exposición a criptoactivos para obtener rentabilidad y entrar en un mundo lleno de posibilidades.

Gráfico 6.1 Precio de BTC vs. el interés institucional

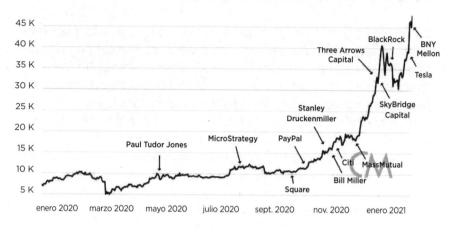

Fuente: *Coin Metrics*, febrero de 2021.
El ascendente precio de bitcoin se ha visto influenciado y apoyado por muchos inversionistas institucionales y empresas que están incursionando en este ámbito.

La adquisición de criptoactivos por parte de todo tipo de actores registra un crecimiento sostenido. Tanto minoristas como instituciones están aumentando de forma clara su exposición a estos activos. Algunos utilizan las criptomonedas estables para adentrarse en el ecosistema y otros como parte de su porfolio de inversiones. Además, están surgiendo proyectos importantes para financiar proyectos reales. Por ejemplo, algunas empresas emiten tókenes para sufragar proyectos de inversión inmobiliaria. Imaginemos que existe una operación inmobiliaria que consiste en adquirir un inmueble, reformadlo y venderlo por más dinero. Una empresa desea realizar esa operación inmobiliaria, pero necesita solicitar un préstamo con el que va a adquirir el inmueble, reformarlo, y venderlo para posteriormente devolver el préstamo. La empresa solicita ese préstamo a inversores particulares, con los que contrae una deuda. Esa deuda, contraída por la compañía con cada inversor, es representada con un título digital (un token). De esta forma, el inversor (el prestamista) puede ceder su posición a un nuevo inversor a cambio de dinero, que pasará a asumir su lugar como prestamista con la empresa. La ventaja de utilizar la *blockchain* y un *security token* para este negocio es la capacidad que ofrece la tecnología para dirigirse a un mercado global y captar inversionistas para el proyecto. En este caso no se trata de algo disruptivo, sino simplemente de una forma de mejorar el proceso para hacerlo más global, trazable y transparente. Hay plataformas como Reental[1] que permiten comprar, a través de su tóken, una participación mínima de 100 € para beneficiarse de la rentabilidad en alquiler o venta de los inmuebles bajo su gestión. Este procedimiento es conocido como STO (*Security Token Offering*), y es muy diferente de una ICO. De hecho es mucho más parecido a la emisión de deuda tradicional, ya que al tratarse de una Security (deuda, participaciones, acciones...) aplica la ley del mercado de valores. Hablaremos de este proceso más adelante.

3. El notario de Internet

Los criptoactivos generarán en los bancos la misma disrupción que ha originado el Internet de la información en la prensa. Las mejoras tecnológicas hacen más eficientes los procesos a los que sustituyen. Sin embargo, las actividades de valor no van a poder sustituirse por la tecnología. Ya hablamos de que las tareas transaccionales, como la fe pública o la inscripción en los registros de notarios o registradores, podrían ser reemplazadas fácilmente por la *blockchain,* pero existe una parte que la tecnología no puede suplir: las labores de asesoramiento profesional que estas figuras prestan al cliente. Del mismo modo, las criptomonedas y su ecosistema asociado son capaces de ofrecer a los bancos e instituciones financieras nuevas posibilidades para reducir los costes de transacción, aumentar la transparencia en las operaciones o llegar donde el sistema tradicional no lo hace. Los bancos tienen oportunidades para desarrollar nuevos negocios relacionados con el almacenamiento de los criptoactivos, la gestión de los activos digitales de terceros, la venta de productos para asegurar las inversiones o nuevas garantías para su custodia. Pero lo que seguirá presente e incluso se incrementará es la necesidad de los ciudadanos de recibir asesoramiento financiero a la hora de operar con su dinero, sea fiduciario o cripto.

4. El criptoeuro: ¿un banco central lanza una moneda descentralizada?

El 20 de enero de 2018 publiqué un artículo en la sección *Retina* del diario *El País,* dedicada a temas de innovación y tecnología. El título del artículo era «¿Llegará el euro a ser una criptomoneda?». El público general empezaba a conocer estos activos y mi intención era comparar las características de una moneda emitida por un banco central y una moneda como el bitcoin, que vivía sobre una red descentralizada.

En mi escrito, comentaba que las sociedades occidentales que habían crecido bajo la influencia del patrón oro no acababan de comprender el nuevo paradigma de las criptomonedas porque su naturaleza descentralizada levantaba recelos y no creían que fuera tan transparente y neutral como aparentaba. Pero en aquel momento le sugería al lector que imaginara la posibilidad de que el euro fuera transformado en una criptomoneda. Escribí sobre las consecuencias que tendría: la reducción de los costes operativos y el aumento de la productividad, la seguridad de los datos almacenados en una *EuroBlockchain,* la imposibilidad del fraude fiscal, la rapidez de transferencia de las remesas internacionales, la seguridad de los datos almacenados en esta red, etc. Algunas de estas características serían posibles solo en el caso de que fuese una blockchain pública. En el caso de que este criptoEuro se desarrollase sobre una blockchain el sistema sería parecido a una base de datos tradicional y por tanto no tendría propiedades tales como la resistencia a la censura, no sería abierta ni neutral. Nadie poseería el control de la moneda y todos tendrían el control del sistema. Además, ya no sería necesario elegir los órganos de control del BCE: las decisiones se tomarían por consenso, de forma transparente, con un protocolo establecido y sobre unas reglas predefinidas.

Entre 2018 y 2023 han pasado casi cinco años. En aquellos momentos nadie se planteaba que los fondos institucionales fueran a comprar criptoactivos o que la irrupción de algo llamado *bitcoin* fuera a cambiar los servicios bancarios y financieros para siempre. Era imposible imaginar que el BCE decidiera emitir una CBDC inspirada en las criptomonedas. Sin embargo, en la actualidad el 90 %

de los bancos centrales del mundo tienen planes para lanzar su propia moneda electrónica con el fin de «competir» con las monedas descentralizadas.

Los bancos centrales han ignorado y atacado a partes iguales las criptomonedas desde su nacimiento. Sin embargo, es evidente que el creciente interés de los bancos centrales por las CBDC es consecuencia de la rápida generalización y del crecimiento de las criptomonedas y así lo reconocen varios informes, tanto públicos como privados, de la mayoría de las entidades financieras. Un estudio de 2021 publicado en *Funcas* por los economistas Santiago Carbó Valverde y Francisco Rodríguez Fernández reconocía el indiscutible papel de las criptomonedas en el devenir futuro del sistema financiero: «Los criptoactivos acumulan atracción y polémica a partes iguales. En todo caso, su irrupción en el sistema financiero mundial es indiscutible y su papel en las próximas décadas está llamado a ser protagonista, como ya reconocen señalados inversores institucionales y bancos centrales. Otra cosa es qué tipo de activos sean los que prevalezcan. En este punto, tanto el desarrollo de CBDC como la implicación del sector bancario en plataformas de negociación, inversión o gestión con tecnologías de encriptación serán elementos estratégicos definitorios».

En 2022 se creó la primera CBDC del mundo, *Sand Dollar,* emitida por el Banco Central de las Bahamas y garantizada por el propio Estado. Cada *Sand Dollar* está referenciado al dólar de este país, que, a su vez, está respaldado por 1 $ estadounidense. El Fondo Monetario Internacional (FMI) apoyó su lanzamiento y recomendó una mayor educación financiera para permitir el desarrollo de más iniciativas de este tipo.

Al CBDC de Bahamas le siguió el *DCash,* emitido por el Banco Central del Caribe Oriental, y el *e-Naira,* creado por el Banco Central de Nigeria. De estos tres ejemplos cabe destacar el sonoro fracaso que cosechó la CBDC de Nigeria. En la actualidad, hay al menos setenta proyectos de monedas electrónicas de bancos centrales en todo el mundo. En Europa ya se están realizando pruebas para intentar lanzar el euro digital con cinco empresas, entre las que se encuentran Amazon y CaixaBank. Australia publicó un *whitepaper* con el que pretende desarrollar el dólar australiano digital. Estos proyectos no han visto la luz de momento, pero, con el lanzamiento de estas monedas electrónicas, las instituciones más importantes del entorno financiero están reconociendo de forma implícita que ven una amenaza clara en el despliegue masivo de las criptomonedas. Llegados a este punto, cabe cuestionarse: ¿para qué sirve una moneda electrónica emitida por un banco central? ¿En qué se benefician los habitantes de estas regiones?

Estos activos heredan parte de las características de las criptomonedas. Por ejemplo, los usuarios pueden almacenarlas en un *wallet* compatible y disponer de una red de pagos a través de Internet. Además, las CBDC permiten a los bancos centrales emitir activos digitales como medio de pago a la vez que mantienen el control del dinero. Dicho de otra manera, usan la tecnología y despliegan sus ventajas, pero mantienen las mismas capacidades de control que tenían respecto al dinero fiduciario. En el fondo, las CBDC son monedas controladas por los bancos centrales en la misma medida que el euro o el dólar, solo que la emisión en un entorno digital posibilita a los ciudadanos intercambiarlas de forma fácil a través de la red. El *euro digital,* que es como se conoce a la CBDC que podría ser emitida por el BCE, tendría las mismas características que un euro físico. Se podría utilizar en todo el territorio europeo para comprar, cobrar facturas o pagar impuestos. Sin embargo, seguiría existiendo una autoridad central que tomaría decisiones sobre la emisión o retirada de la moneda, lo que contradice la propia naturaleza de los criptoactivos. Las criptomonedas emitidas por un banco central no permiten al usuario ser soberano de su dinero. Esta es la principal diferencia con las criptomonedas. Las CBDC se pueden incautar y carecen de las cinco propiedades de las criptomonedas.

Las declaraciones de Fabio Panetta, miembro ejecutivo del BCE y exjefe del Banco Central de Italia, quien calificó a las criptomonedas de «salvaje oeste», dejan claro que la propuesta del euro digital trata de evitar el crecimiento de otras monedas estables vinculadas o referenciadas a la divisa europea. La preocupación es conseguir la «autonomía estratégica» del bloque, así como reforzar la posición internacional del euro como moneda de reserva.

En cualquier caso, Europa ha llegado tarde a la carrera de las criptomonedas. Mientras en otras partes del planeta las autoridades intentan aprovechar la tecnología y las finanzas descentralizadas para crear valor, en Europa se ha llegado a proponer que las criptomonedas sean equiparadas a los juegos de azar. Si este planteamiento está hecho por la incapacidad de predecir si un valor subirá o bajará en el futuro, también podríamos incluir dentro de los juegos de azar los derivados, los futuros e incluso los beneficios obtenidos por la compraventa de acciones de empresas. Mientras Europa pasa de ser el viejo continente para convertirse en el continente viejo, el dólar se ha posicionado como moneda de referencia en el ámbito cripto, al igual que lo hizo en el entorno de materias primas, como el barril de petróleo. Hoy el bitcoin se mide por su valor respecto a la divisa estadounidense y las principales criptomonedas estables privadas han crecido al referenciarse a ella, lo que ha hecho del dólar una moneda mucho más fuerte, adoptada y apreciada que el euro.

Cualquier persona que se financie a través de tókenes, pida un crédito en criptomonedas o pretenda dar liquidez en un *pool* descentralizado tendrá como referencia de moneda estable un criptoactivo ligado al dólar. Existen asimismo monedas como USDC, *theter* o DAI que cuentan con capitalizaciones de 49 000, 67 000 y 7000 millones de dólares, respectivamente. Estos activos, emitidos por entidades privadas, han permitido que esta divisa tenga una hegemonía aplastante en el ecosistema cripto, mientras que en Europa se debate aún cómo impulsar una moneda propia controlada por un banco central. Las reservas de las instituciones respecto a los criptoactivos han dado como resultado que el euro esté ausente mientras se desarrolla la tecnología más disruptiva para ciudadanos y empresas del siglo XXI. Las grandes diferencias entre las políticas monetarias entre EE. UU. y Europa han demostrado tener importantes implicaciones geopolíticas, estratégicas y económicas, y todavía no somos conscientes de los cambios que el ecosistema cripto puede desencadenar en distintos sectores en muy pocos años.

5. La nueva brecha digital: la brecha cripto

El conocimiento de la tecnología es lo que separa a los que atacan las criptomonedas y los que las defienden. Las personas que invierten y operan con ellas en las instituciones entienden la tecnología que hay detrás y son capaces de imaginar los cambios profundos que producirán, tal y como los primeros usuarios de Internet intuí lo que suponía este avance.

En el otro lado de la balanza, la desconfianza generada en la población durante los primeros años de vida de las criptomonedas será difícil de revertir. El desconocimiento está generando una enorme brecha digital y cerrarla requerirá grandes cantidades de tiempo y recursos en determinados países. En términos políticos y geoestratégicos, los Estados que más preparados estén para interaccionar con el ecosistema de las DeFi liderarán el desarrollo tecnológico y económico en no mucho tiempo. Lo mismo ocurrió con los países donde Internet se desarrolló de una forma profunda: se crearon empresas innovadoras que generaron una ventaja política y económica en términos de país, así como nuevas capacidades estratégicas.

Cabe preguntarse si los bancos centrales hubieran explorado la creación de monedas electrónicas si no hubiesen existido las criptomonedas. O si el BCE lanzaría una CBDC sin la amenaza de Mark Zuckerberg de lanzar Libra. Evidentemente, a ambos interrogantes la respuesta es no; hay un consenso generalizado en achacar la preocupación de los bancos centrales a la creciente popularización de los criptoactivos. El objetivo principal es el de ofrecer certidumbre al usuario con un producto monetario respaldado por el Estado, pero con las características de un activo digital. Sin embargo, las CBDC no tienen sus cinco cualidades intactas. No se trata de un activo resistente a la censura ni es un activo abierto, neutral y público. El emisor tiene sobre estas monedas electrónicas el mismo control que sobre el dinero *fiat;* solo cambia el sistema de transmisión. Además existe un mayor control y una menor privacidad que con otros tipos de monedas.

En sus conclusiones, el informe de *Funcas* citado anteriormente destaca que las criptomonedas han alcanzado una penetración de mercado tan importante que se consideran ya una realidad innegable, tanto para empresas de servicios de inversión como para bancos centrales. Los autores inciden en el consenso existente en el sector sobre que la regulación de los criptoactivos será un aspecto clave que habrá que desarrollar durante los próximos años. Sin embargo, debe referirse a la parte centralizada del ecosistema de DeFi, ya que es tecnológicamente imposible, de momento, someter la parte puramente descentralizada a cualquier tipo de regulación. Además, el estudio llama a las entidades financieras a desempeñar el papel de «equilibrador» en la adopción de criptografía, monedas y sistemas de transacción puramente digitales mediante tecnologías de registro descentralizado *(blockchain)*.

Lo que queda claro es que las instituciones están preparándose para la llegada de los criptoactivos. Habrá que ver si las CBDC sirven de pista de aterrizaje a través de la cual los bancos y las instituciones financieras acaben normalizando todo tipo de activos digitales más allá de las CBDC, incluyendo las monedas descentralizadas. Las CBDC no sustituyen a las criptomonedas ni los inversores de criptoactivos verán en las CBDC una alternativa similar. Si alguien piensa que los inversores en Bitcoin, Ethereum u Optimism van a vender sus criptoactivos para comprar en masa moneda emitida por un banco central, es que todavía no ha entendido la revolución que hay en marcha. El lanzamiento de las CBDC supone el reconocimiento de las más altas instituciones financieras del cambio social y económico que están ya imponiendo los criptoactivos. La evolución de las CBDC y de las criptomonedas dependerá del grado de atracción de recursos de cada uno de estos instrumentos.

Durante los años de evolución y desarrollo de la criptoeconomía, la competencia se limitaba a las distintas criptomonedas y se centraba en ofrecer nuevos servicios o ventajas para los clientes. Ahora se atisba una competencia por la atracción del capital entre los productos financieros derivados del sistema tradicional, los criptoactivos y las CBDC. El principal motivo será el lanzamiento de las CBDC, que abrirá las puertas del sistema a los criptoactivos: su propia existencia legitimará su utilización. A partir de ese momento, los usuarios decidirán qué productos satisfacen mejor sus necesidades. Así, es evidente que en los próximos años asistiremos a una competencia en el ámbito digital entre las criptomonedas descentralizadas y las CBDC por obtener la mayor adopción. Mientras en Europa las CBDC podrían en algunos aspectos ser una solución más eficiente en materia de pagos, las criptomonedas ganarían por goleada cuando se trata de buscar productos de inversión o ahorro.

Esta competición promete ser interesante. Los inversores, los usuarios que pretendan ofrecer liquidez o quienes aspiren a solicitar un préstamo tendrán que decidir primero el tipo de características de su producto. Si desean una moneda resistente a la censura, con reglas objetivas, abierta, descentralizada o gobernada por reglas objetivas, invertirán en criptomonedas descentralizadas; si, por el contrario, buscan un activo monetario que viaje por la Red pero esté respaldado por un Estado, elegirán cualquier CBDC. El gran dilema será si confiamos más en un determinado Estado o en una moneda descentralizada con reglas objetivas. Al igual que cuando alguien se plantea comprar libras, dólares o euros, la gran cuestión es: ¿qué instrumento me permite salvaguardar mejor mi dinero? La disyuntiva nos remite a una de las cuestiones que se han planteado en este libro con anterioridad: si es más seguro invertir en bitcoines que en pesos argentinos o si es preferible invertir en *ether* a hacerlo en una moneda emitida por Zimbabue. Que una CBDC esté respaldada por un banco central no garantiza nada: todo depende de la economía que la respalde, de la política monetaria y de muchos otros factores. De la misma manera, emitir una criptomoneda descentralizada tampoco significa que vaya a tener éxito.

La competencia entre diferentes criptomonedas, tanto de origen público como privado, transformará el sistema financiero. Los servicios que actualmente prestan los bancos a sus usuarios cambiarán de forma importante. Por ejemplo, podrían abrir líneas de asesoramiento financiero especializado en estos nuevos activos digitales, asegurar determinadas posiciones de inversión u ofrecer la custodia de criptoactivos a los clientes que lo deseen. Se están generando una gran cantidad de servicios derivados sustentados en protocolos como DyDx o Perpetual (https://www.Perp.com/). Estas son solo algunas de las actividades en las que las entidades bancarias podrían especializarse. En cualquier caso, los nuevos flujos de ingresos cambiarán de concepto y el modelo de negocio de los bancos se desarrollará en otras actividades de creación de valor.

6. ¿Cómo afecta el euro digital a los bancos centrales y al sistema bancario?

El lanzamiento de CBDC va más allá de la moda. Ya hemos comentado que el simple hecho de que un banco central destine recursos a investigar sobre una moneda electrónica supone reconocer su utilidad, admitir que el bitcoin o el *ether* son una innovación tecnológica con muchas ventajas. Sin embargo, los bancos centrales tratarán de convencernos a todos de que el único medio de pago que ofrece una seguridad mínima es la emitida por una institución central.

En el proceso de investigación que ha lanzado el BCE para impulsar el euro digital, son muchos los interrogantes que se plantean y las consecuencias que lanzar una moneda electrónica pública tendría para el sistema. Cualquier ciudadano podría guardar sus euros digitales en una monedero electrónico pero según todos los informes disponibles este monedero estaría vinculado a una institución financiera.

Según los planes[2] del Banco Central Europeo:

«Un euro digital ofrecería un medio de pago electrónico emitido por el banco central al que todos podríamos acceder en cualquier lugar de la zona del euro. Sería complementario al efectivo, no un sustituto, y preservaría el papel del dinero del banco central como fuerza estabilizadora del sistema de pagos. La experiencia adquirida durante largo tiempo ha demostrado que un modelo de pagos híbrido ha sido útil para la sociedad: el banco central proporciona la base monetaria, es decir, depósitos para los bancos en el banco central y efectivo para las personas, mientras que el sector privado ha ofrecido a los clientes soluciones de pago (por ejemplo, tarjetas de crédito) basadas en dinero de banco comercial (por ejemplo, depósitos). Un elemento clave de este modelo híbrido es que los ciudadanos pueden convertir a la par dinero privado (de banco comercial) en público (del banco central) en cualquier momento y utilizar ese dinero del banco central para efectuar pagos. Esta convertibilidad garantizada crea y mantiene la confianza en el dinero, tanto público como privado, y protege la función de la moneda como única unidad de cuenta. En consecuencia, la moneda pública proporciona un ancla que mantiene el buen funcionamiento del sistema de pagos, a la vez que preserva la estabilidad financiera y la confianza en la moneda»

Analizando el documento donde el BCE describe los principales objetivos del euro digital emerge la verdadera preocupación de las altas instituciones en una era de permanentes cambios. La digitalización aparece como el principal motivo para impulsar este instrumento.

En el documento se reconoce textualmente que «el euro digital solo puede tener éxito si los europeos lo utilizan en la vida diaria». Por tanto estamos hablando de adopción y de ocupar un espacio que actualmente ocupan otros productos y donde el euro no está presente. Como aspectos clave se destacan dos: el diseño debe ser atractivo y se debe añadir valor a las soluciones existentes. Se destacan además dos aspectos importantes sobre los que los impulsores saben que tendrán que defenderse: la protección de la privacidad y conseguir llegar con esta herramienta electrónica a aquellos ciudadanos donde antes no era posible hacerlo por falta de servicios financieros aumentando la «inclusión financiera».

Desde el punto de vista de la privacidad, el euro digital no puede competir con los criptoactivos porque estos son los más transparentes pero también los más resistentes a la censura. La trazabilidad es máxima y las cuentas están a la vista. Lo que no está a la vista es la identidad real del usuario porque depende de él si comparte o no su clave pública. Sobre la capacidad de penetración y distribución también pueden existir comparaciones. Para tener acceso a una moneda emitida por un banco central necesitamos tener una cuenta bancaria. Para tener acceso a los criptoactivos solo es necesario una conexión a internet.

Gráfico 6.2 Calendario del Banco Central Europeo de la fase de investigación previa al lanzamiento del euro digital

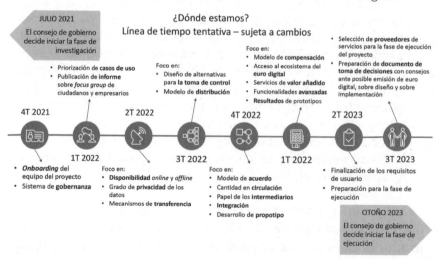

Fuente: Banco Central Europeo

Los bancos tradicionales ya han visto en los últimos años cómo entraban en juego nuevos actores que ofrecían productos 100 % *online* y que rebajan los costes de operación. La llegada del euro digital podría aumentar aún más la competencia. Es lo que ocurre con las innovaciones tecnológicas: no destruyen empleo, solo lo especializan. De forma paradójica, el éxito del euro digital del BCE podría suponer un cambio radical en el sector bancario tal y como lo conocemos.

Como conclusión, los criptoactivos van a cambiar la forma en la que los bancos prestan sus servicios. Lleguen a emitirse las monedas electrónicas de bancos centrales o no, el sistema financiero va a transformarse de forma radical como consecuencia del crecimiento exponencial que los activos digitales están experimentando en distintos ámbitos de la economía y la empresa. Constituye un cambio tecnológico de primer orden en el que sacarán mayor partido quienes empiecen a prepararse antes, entiendan la tecnología que hay detrás y pongan recursos para adaptar su negocio a las enormes posibilidades de este nuevo mundo.

En cualquier caso, nadie sabe cómo van a evolucionar las CBDC en Europa o en otros países. Todo dependerá de la forma en la que concluyan los períodos de investigación y las decisiones que se tomen. También en función del éxito de la adopción de criptoactivos por parte de los ciudadanos y de las conclusiones sobre los riesgos que reciban los bancos centrales tras las investigaciones en curso. Lo cierto es que a finales de 2022 no estaba nada claro que el euro digital fuera a conseguir ver la luz. Su salida no tiene fecha, aunque se prevé que los estudios de investigación concluyan al acabar 2023.

7. La tokenización sustituirá las salidas a bolsa

Hace unos años, las bolsas eran lugares llenos de gente que negociaban valores en un espacio físico. La llegada del Internet de la información revolucionó para siempre espacios como este. En el momento en el que los brókeres y otros actores financieros pudieron empezar a operar por Internet, pasaron de ser el centro de la vida financiera a quedarse vacíos. La tecnología hizo más eficiente el proceso de compraventa de acciones en todo el mundo: ya no se necesitaba la presencia física para ejecutar órdenes, lo que evitaba desplazamientos y aumentaba la competitividad global de la actividad. El factor diferencial entre el que lo hacía bien y quien lo hacía mal pasó a ser su capacidad de ser competente en el trabajo, disponer de una buena conexión a Internet y tener un buen manejo de la tecnología. Quien no fue capaz de adaptarse a la nueva era y despreció la llegada del Internet de la información se quedó fuera del mercado en poco tiempo. Lo mismo pasará con el Internet del valor y la criptoeconomía.

Nadie menor de treinta años que esté hoy creando su propia empresa sueña con sacarla a bolsa; la mayor aspiración de ese grupo de jóvenes es tokenizar su empresa.

Si el Internet de la información supuso que no tuviera sentido asistir presencialmente a la bolsa para comprar y vender acciones, el Internet del valor provocará que no se requiera emitir acciones dentro de la bolsa de valores y pueda hacerse de forma global. Vivimos en una sociedad/economía globalizada que nos permite interactuar con cualquier parte del mundo de forma instantánea. Solo faltaban las herramientas tecnológicas que permitieran enviar y recibir derechos de propiedad sin intermediarios.

¿Cuál es la razón por la que se han creado más unicornios en Estados Unidos que en Europa durante los últimos años? Podrían existir muchos factores pero hay uno sin duda importantísimo: la posibilidad de recibir inversión y acceder a un mercado con tamaño suficiente. La criptoeconomía permite a cualquier persona fundar una compañía, exhibir su plan de negocio y emitir tokens para recibir inversión de cualquier parte del mundo. A Steve Jobs no le fue posible recibir inversiones desde cualquier parte del mundo. Ahora sí es posible.

—

La criptoeconomía permite a cualquier persona fundar una compañía, exhibir su plan de negocio y emitir tókens para recibir inversión de cualquier parte del mundo.

8. La revolución de las ofertas iniciales de criptomonedas: el procedimiento de las criptomonedas para salir a bolsa

Una ICO es una salida a bolsa de criptomonedas, pero sin pasar por las instituciones tradicionales. La mayor parte de los primeros proyectos del mundo cripto se han financiado a través de este procedimiento, que consiste en emitir un número determinado de tókenes (de forma similar a las acciones de una empresa) para obtener liquidez con la que ejecutar una propuesta, desarrollar una plataforma o cualquier otra iniciativa que necesite financiación. El propietario del programa cede toda o parte de la propiedad u otorga ventajas a los tenedores del tóken a cambio de disponer de su dinero para ejecutarlo.

Imaginemos una *startup* que desea obtener financiación para sus proyectos. Los propietarios podrían acudir a un fondo de inversión y ceder una parte de la empresa en forma de *equity*. Sin embargo, la criptoeconomía permite que pueda financiarse lanzando una ICO. La compañía vende tókenes y los compradores entregan dinero a cambio. La cantidad de tókenes emitidos ha de ser equivalente al porcentaje de la compañía que se desee ceder. Esta emisión se hará basándose en un *whitepaper,* que contendrá los compromisos que asume la *startup* con sus inversores, su revalorización y todo aquello a lo que los tenedores de tókenes tengan derecho.

No solo los proyectos tecnológicos son susceptibles de ser financiados mediante una ICO; cualquier persona puede sufragar servicios o productos, como obras de arte o piezas musicales, emitiendo sus propios tókenes. Serán los consumidores quienes, de manera libre e informada, decidan si la iniciativa tiene posibilidades de éxito o no. Con este nuevo paradigma, se abre un camino directo entre inversores y proyectos. Si queremos invertir en una propuesta de negocio que acaba de nacer en la otra punta del planeta, ya no necesitamos intermediarios. Como hemos comentado anteriormente, si Steve Jobs hubiera tenido esta tecnología a su disposición, seguramente hubiera emitido tókenes desde su garaje para financiar sus ideas.

Financiar una empresa emitiendo tókenes es como hacerlo lanzando acciones. No obstante, tókenes y acciones tienen algunas diferencias, a pesar de que ambos representen parte de la empresa. Enumeramos a continuación algunas:

1. Los tókenes pueden intercambiarse libremente, de la misma forma que las criptomonedas o los NFT. De hecho, se podría considerar el tóken emitido en una ICO un tipo de moneda respaldada por el proyecto empresarial al que representa.
2. La emisión de una ICO permite dirigirse a un mercado global sin intermediarios. Los compradores del tóken comparten la propiedad de un proyecto, una compañía o un producto sin conocerse entre ellos.
3. Cuando el inversor compra el tóken, al igual que cuando compra una acción, accede a un *whitepaper* donde se describe lo que el propietario de la empresa hará con los fondos recaudados. Pero el tenedor del tóken puede obtener además ventajas adicionales, como productos dentro del servicio o plataforma antes que el mercado, descuentos, etc.

En términos de financiación, un tóken unifica el medio de pago por los productos de una empresa, las acciones como forma de repartir beneficios, y cualquier otro instrumento existente para relacionarse con clientes, inversores o empleados, como sistemas de puntos u otros. Otro de los beneficios que tiene financiarse a través de una ICO es que la localización deja de ser un factor limitante para una *startup*. Hasta hace poco tiempo, la mayoría de las empresas innovadoras se fundaban en mercados donde disponían de masa crítica para poder desarrollarse. Los proyectos que deseaban recibir financiación debían buscarla en su entorno, lo que condicionaba definitivamente su capacidad para nacer, consolidarse y progresar. Esto ha cambiado para siempre con la posibilidad de emitir una ICO a nivel global, pues permite a la compañía acceder a recursos repartidos por todo el globo. En este proceso, los tókenes se dirigen a un mercado más grande que EE. UU. y China juntos. Por esta razón, desde el nacimiento de la criptoeconomía, las DeFi y la web3 están viviendo un nuevo fenómeno: el nacimiento de empresas innovadoras en lugares donde hasta la fecha no había surgido ni un solo unicornio.

9. ¿Cómo lanzar una oferta inicial de criptomonedas?

Una pregunta que sobrevuela sobre cualquiera que se aproxime al concepto ICO es cuál es la diferencia entre, por ejemplo, el bitcoin y una criptomoneda lanzada por un particular sobre un proyecto. La respuesta es clara: la forma de emisión. El bitcoin se basa en algoritmos, mientras que otras criptomonedas/tókenes, como los de las ICO, se sustentan en monedas *minadas* o *preminadas* previamente por los propietarios del algoritmo.

La red Ethereum es una de las primeras ICO de las que se tiene constancia. Sus impulsores, con Vitálik Buterin a la cabeza, *minaron* una determinada cantidad de criptomonedas *ether* y las lanzaron para que la comunidad pudiera comprarlas y obtener así financiación. Con esta operación Ethereum logró recaudar 20 millones de euros, convirtiéndose así en una de las primeras ICO exitosas de la historia. Pero no es la única manera de hacerlo: hay algunas prácticas no muy ortodoxas y que reciben fuertes críticas de la comunidad pero que también están ahí, como *preminar* algunas monedas para almacenarlas a la espera de que se puedan cotizar y obtener así unas importantes ganancias.

Muchos de los usuarios que critican a las criptomonedas por su falta de utilidad son usuarios de Telegram. Quizá cambiarían de opinión si supieran que Telegram es la ICO más exitosa de la historia al recaudar 1700 millones de dólares. Pero su desarrollo en el mundo cripto no ha acabado ahí. A principios de 2023 Telegram sorprendió lanzando la Toncoin (TON) permitiendo a sus usuarios disponer de un número de teléfono virtual totalmente anónimo que empieza por +888. Estos números se pueden comprar en https://fragment. com/numbers y suponen una auténtica revolución porque permiten asociar las características de los criptoactivos a las comunicaciones. Telegram puede convertirse en la operadora móvil global más potente del mundo.

Antes del nacimiento de la red Ethereum, lanzar una ICO, generar una criptomoneda o desarrollar un proyecto que incluyera la creación de un tóken propio era algo realmente complicado. Los usuarios tenían que elaborar una red *blockchain* desde cero, establecer incentivos a los nodos que *minaban* la nueva moneda electrónica, producir un protocolo o *tokenomics* sobre el proceso de creación y retirada del criptoactivo, etc. Sin embargo, la llegada de Ethereum, de los contratos inteligentes y de tókenes como ERC-20 lo cambiaron todo. Se hizo posible, a través de esta tecnología, lanzar un tóken o una criptomoneda propios sobre una red existente. Tal y como vimos en capítulos anteriores, hay monedas electrónicas como USDC o DAI que están desarrolladas sobre el tóken ERC-20 de la red Ethereum con unas reglas de emisión y retirada específicas. Con esta herramienta, llevar a cabo una ICO resulta técnicamente sencillo y no se precisan grandes conocimientos técnicos; lo realmente importante es disponer de un proyecto que la respalde.

Una ICO sería algo similar a una oferta pública de venta (OPV) o salida a bolsa. Lo más fácil es comparar los tókenes emitidos con las acciones de una empresa que se ponen a la venta en los mercados. Sin embargo, al igual que hay diferencias en la naturaleza de tókenes y acciones, comentadas anteriormente, también existen en el proceso de financiación, tanto para el inversor como para el emisor. Destacaremos las tres fundamentales:

- La empresa debe cumplir unos requisitos mínimos de solvencia para salir a bolsa. Ha de superar un proceso de auditoría muy estricto y cumplir unos exigentes requisitos legales. Sin embargo, para emitir tókenes y recibir financiación de los compradores solo se requiere que quienes lean el proyecto confíen en que tendrá éxito. Convencer a los inversores es una combinación de credibilidad de los que impulsan el proyecto y viabilidad del plan presentado. Esto hace que las inversiones en este tipo de activos no sean para todos los públicos y por eso los reguladores hacen bien en controlar esto. En la mayoría de los países no se necesita cumplir ningún requisito legal para lanzar una ICO.
- Las acciones no se lanzan a un mercado global, sino a los mercados de determinados países, que tienen sus normas, reglas y limitaciones. En este sentido, no todo el mundo puede comprar acciones durante el proceso. Existen unos requerimientos mínimos, ya que hay, por ejemplo, restricciones a las personas ajenas al país donde la empresa sale a bolsa. Por el contrario, cuando se emite una ICO, los tókenes se lanzan a un mercado global y

cualquier persona con un *wallet* y recursos suficientes tiene la opción de acudir y comprar. El procedimiento es totalmente neutral, mientras que el de una emisión de acciones a bolsa no lo es.

- Derivado del proceso garantista que sigue cualquier empresa para salir a bolsa, el Estado reconoce las acciones como un producto financiero y ofrece ciertas garantías sobre ellas. En el caso de las ICO, los países todavía no han regulado lo suficiente esta forma de obtener financiación. Como la empresa que lanza los tókenes/criptomonedas no se ha sometido a ningún proceso de auditoría previo, no existe respaldo gubernamental de los tókenes emitidos. Aun así, legalmente los tókenes se consideran un *security* y el gestor no puede hacer lo que quiera con el dinero de los participantes.

Por otro lado, existen tres fases fundamentales para el lanzamiento de una ICO:

1. Redactar un *whitepaper* del proyecto, documento que los inversores potenciales leerán antes de decidir si compran o no los tókenes. Debe contener detalles suficientes sobre los objetivos de la iniciativa, la misión, la visión, las posibles rentabilidades, el equipo gestor, etc. Sería similar al modelo de negocio de una empresa tradicional.
2. Desarrollar los contratos inteligentes necesarios para emitir el criptoactivo en caso de utilizar una red *blockchain* ya existente, como Ethereum, todo en coherencia con el *whitepaper* publicado.
3. Abrir la venta de tókenes mediante el lanzamiento de la ICO una vez establecidas las reglas de emisión, el número de tókenes, la valoración de cada uno y los objetivos del proyecto.

En todas estas etapas se deben dedicar recursos a tareas fundamentales que aseguren el éxito en la emisión. Por ejemplo, las labores de *marketing* son claves para dar a conocer el proyecto. Una estrategia de lanzamiento adecuada es fundamental para garantizar el éxito. Cualquier persona del mundo con una conexión a Internet puede comprar tókenes, pero si la información no llega a ella de forma adecuada, esta ventaja no servirá de nada.

El lanzamiento de una ICO no está regulado en la mayoría de los países del mundo. En España se permiten lanzar STO (*Security Token Offering*) con el asesoramiento de una empresa de servicios de inversión. Sin embargo, en algunos resulta más difícil lanzar una ICO que en otros. Esta es una de las contradicciones de nuestros reguladores ante la brecha digital de las DeFi. Muchas instituciones de todo el mundo se niegan a reconocer las criptomonedas como depósito de valor o medio de pago y, sin embargo, reconocen que su tratamiento debe ser como un título de propiedad que puede aumentar o disminuir su valor. Ya hemos comentado en varias ocasiones que estas actuaciones reconocen de forma implícita la utilidad de las criptomonedas para mejorar el funcionamiento del mercado de valores a través del avance tecnológico.

Que no exista un marco suficientemente favorable en la mayoría de los países de nuestro entorno está provocando que muchos proyectos busquen circunscripciones amigables con las ICO a la hora de lanzar sus tókenes. Es el caso de países como Panamá, Suiza, Singapur y Malta o de territorios como Gibraltar, que han sabido desarrollar un entorno adecuado para este proceso.

Tabla 6.3 Países según su número de ofertas iniciales de criptomonedas

País	Número de ICO
EE. UU.	294
Singapur	280
Reino Unido	224
Estonia	148
Suiza	128
Rusia	131
Hong Kong	90
Alemania	60
Islas Caimán	57
Canadá	53

(*) Datos de 2018.

El ejemplo de la tabla muestra las ICO finalizadas en 2018 por países. Hay algunos casos, como Suiza, Estonia o las islas Caimán, que no habían destacado hasta ahora como territorios atractivos para iniciar proyectos de innovación o tecnológicos y ahora se encuentran en la parte alta de la tabla. El motivo es que han decidido no imponer una regulación que limite este tipo de operaciones. Esto es consecuencia de creer que las limitaciones al mundo digital funcionan como si del mundo físico se tratara.

Las normas y restricciones no acabarán con los proyectos innovadores que quieran financiarse a través de una ICO, pero sí desplazarán estas iniciativas hacia los lugares más adecuados. De nuevo nos encontramos con la brecha digital que amenaza el crecimiento igualitario de los países: los gobernantes que entiendan las funcionalidades de esta nueva tecnología llevarán prosperidad a sus territorios y generarán oportunidades para sus ciudadanos y empresas mediante la implantación de proyectos de alto valor; quienes no entiendan la revolución del Internet del valor perderán la ocasión de ser países punteros.

10. Proyectos de éxito financiados con ofertas iniciales de criptomonedas

La tecnología no asegura el éxito de una iniciativa ni previene contra fraudes. El lanzamiento de una ICO con un *whitepaper* atractivo, el correcto funcionamiento de la red Ethereum o la compra de tókenes de un proyecto concreto no garantizan ganancias futuras. Existen multitud de ICO que fueron un sonoro fracaso y en las que los interesados perdieron todo su dinero. Si analizamos el resultado de las inversiones en *startups* en los últimos años, son muchas las propuestas que no han cumplido las expectativas mostradas a los fondos de capital riesgo que depositaron sus recursos en ellas.

Al leer esta reflexión, algún lector tendrá la tentación de cerrar el libro y buscar otro sector. Sin embargo, lo que hace que una ICO fracase es lo mismo que puede llevar a arruinarse a una *startup:* la falta de un equipo adecuado, los fallos en el análisis del mercado o una mala planificación económica. Estas razones son independientes de la forma en la que se obtenga la financiación. Los estafadores pueden utilizar una ICO, una *startup* o cualquier otro instrumento que les permita obtener dinero fácil y huir. La tecnología es un medio, no el fin de la propia empresa.

No hay una fórmula magistral para diferenciar una ICO rentable de otra que no lo será. Tampoco hay una norma para distinguir una empresa rentable de otra que quebrará. Si tuviéramos que tomar algo como guía se podrían utilizar unas recomendaciones que desarrolló Bit2Me sobre las pautas que se deben seguir para analizar la idoneidad de invertir o no en una iniciativa financiada de esta forma:

- No ser ingenuo ni confiado.
- Analizar detalladamente el *whitepaper* del proyecto y revisar la coherencia de los objetivos y soluciones. Si el *whitepaper* no se entiende, es mejor no invertir.
- No asumir que la iniciativa está definida de buena fe; el inversor debe cuestionarse todo.
- Analizar el equipo que hay detrás de la ICO. Para ello podemos buscar su perfil en redes sociales y/o reflexionar sobre los datos que hay de él en Internet o en otras plataformas abiertas.
- Buscar información sobre cómo se gestionarán los fondos, quién lo hará y cuál será la entidad encargada de la custodia.
- Analizar qué empresas hay detrás y cuál es su trayectoria o experiencia en el campo del proyecto.

La tecnología *blockchain* es un medio para conseguir un fin: la financiación del proyecto para los impulsores e iniciativas rentables para los inversores. Con las ICO se abre un nuevo mundo en el que el inversionista tiene el poder de discernir, sin intermediarios, cuáles son las mejores propuestas y las que más le convienen. Eliminar a los intermediarios no significa que se vaya a sustituir a los asesores en materia financiera y de inversiones; de lo único que la tecnología prescinde es de intermediarios y tareas ineficientes, pero aumenta el valor de los buenos profesionales, quienes serán demandados incluso con mayor intensidad que antes al permitir que se especialicen en lo que mejor saben hacer. La tecnología facilita el proceso, mejora la información y aumenta las posibilidades de éxito.

El camino hacia las DeFi no ha hecho más que empezar. La autorregulación será clave y el papel activo de las entidades financieras, decisivo para aprovechar todo el potencial de una tecnología que ha llegado para quedarse.

7
La doble brecha digital que está por venir

La exclusión de una gran parte de la población de los servicios de Internet se unirá a la brecha cultural que genera el desconocimiento de la criptoeconomía. Esto podría producir desigualdades e influir directamente en la capacidad de crecimiento de los países. Durante este último capítulo se abordarán los siguientes puntos:

- El posible desarrollo de los servicios asociados a la criptoeconomía que facilitan o mejoran la transmisión de valor entre dos usuarios.
- Qué características tiene el sistema financiero del futuro, cómo se construyen los productos y servicios y qué repercusión pueden tener en los sistemas financieros tradicionales.
- La evolución que suponen las finanzas regenerativas (ReFi). Cómo puede ayudar la criptoeconomía a solucionar los retos a los que nos enfrentamos como sociedad global.

Las administraciones públicas invierten en la actualidad importantes cantidades de dinero en fomentar la utilización de sus servicios a través de la Red. Pero ¿por qué están interesadas en conectar a ciudadanos y empresas a Internet? La respuesta es evidente: cualquier avance tecnológico supone una mejora en la calidad de vida de un país, ya que permite aumentar la productividad de sus actividades y, en consecuencia, la riqueza. De la misma forma, reducir el coste de las transacciones financieras entre particulares a través de la criptoeconomía incrementaría notablemente el crecimiento económico.

Durante el nacimiento de Internet, el desarrollo posterior de las puntocoms, el origen de las plataformas o el auge del correo electrónico las administraciones públicas no prestaron mucha atención al fenómeno de la conectividad. Sin embargo, una vez que los reguladores, los gobernantes y los principales actores de la economía vislumbraron las enormes posibilidades que ofrecía el Internet de la información para la economía, la cultura o las relaciones sociales, pasaron de ignorarlo o atacarlo a potenciar su utilización y a lanzarse en masa a una carrera por conseguir ser la nación más digitalizada del mundo. Hay países que se lo tomaron muy en serio, como Estonia. Allí solo es necesario acudir presencialmente a la administración para casarse o divorciarse; el resto de trámites pueden hacerse *online*.

Crear sociedades más inclusivas a través del Internet de la información es uno de los objetivos que persiguen los Objetivos de Desarrollo Sostenible (ODS). El acceso a la Red abre un mundo de posibilidades cada vez mayor y no disponer de esta opción por falta de recursos económicos o de conocimiento en el manejo de la tecnología afecta a la igualdad de oportunidades entre las personas. Un ejemplo es la disminución de los servicios financieros tradicionales. El cierre de las oficinas físicas en muchas localidades ha dado lugar a movimientos liderados por ciudadanos que exigen que los trámites no tengan que realizarse solo a través de Internet. Supone la exclusión, por la vía de los hechos, de quienes no han tenido la oportunidad de formarse e introducirse en un cambio que afecta a todos, a los que les gusta o comprenden la tecnología y también a los que no. En cualquier caso, la reducción de estos servicios bancarios solo puede venir de la mano de un incremento en la alfabetización digital de sus clientes, aunque en algunos estratos poblacionales suponga un reto enorme.

Si analizamos los datos de España, 1.75 millones de personas y más de 660 000 viviendas no disponían de conexión a Internet a finales de 2021. Además, y más allá del acceso a la Red, según un estudio de una organización sindical, casi ocho millones de españoles nunca habían enviado un correo electrónico y casi un 40 % no utilizaban la banca electrónica.

Cuando ampliamos el radio y observamos el planeta entero, nos encontramos con que tres mil millones de personas no tienen acceso a Internet, es decir, casi la mitad de los seres humanos, según un informe de la Unión Internacional de Telecomunicaciones (UIT). Hace quince o veinte años no era un factor determinante a la hora de prosperar profesionalmente, pero en la actualidad es decisivo, y más si cabe en el mundo pospandemia, donde las actividades *online* se han generalizado en muchos sectores, como la formación. Aumentar el número de ciudadanos conectados al Internet de la información no solo mejoraría la calidad de vida de la población, sino que también haría crecer el mercado potencial de las empresas cuyos procesos estén digitalizados.

La conectividad y la digitalización forman parte de las mayores revoluciones industriales que ha vivido la humanidad. Al igual que la primera revolución industrial introdujo una tecnología que incrementaba la eficiencia de un proceso fabril, la revolución del Internet de la información mejoró la comunicación entre dos o más personas a través de la innovación. En esta línea, el Internet del dinero aumentará la eficiencia del envío y la recepción de valor entre dos personas e impulsará nuevas formas de coordinación social. Sin embargo, no es posible acceder a él sin disponer de una conexión a Internet. Por tanto, a la brecha digital que ya arrastramos se sumará un nuevo factor de desigualdad que inclinará la balanza en contra de las sociedades que tarden más en adaptarse. Cuando la criptoeconomía pase a formar parte de la vida cotidiana de la población, quienes no dispongan de conocimientos o medios para entrar en la Red estarán doblemente excluidos.

Gráfico 7.1 Mapa mundial de Internet: millones de usuarios y alcance

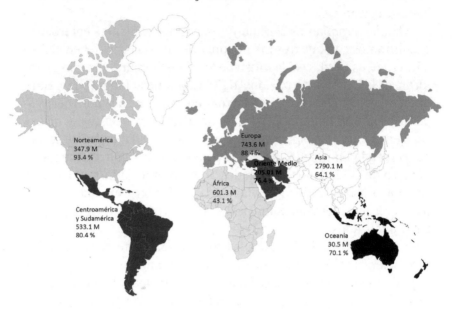

Fuente: Internet Word Stats.
Datos de millones de usuarios y tasa de penetración a diciembre de 2021.

Conectar a los ciudadanos de todo el mundo entre sí es clave. Las conexiones viarias, ferroviarias y portuarias han sido un factor determinante en la historia para explicar el progreso y el desarrollo de determinadas zonas del planeta. El intercambio de bienes y servicios ha sido un vector de crecimiento para muchos territorios a lo largo de la historia. Es el caso de rutas como la de la Seda, que conectó e impulsó económicamente Asia y Europa.

Si analizamos las conexiones marítimas y su correlación con la prosperidad de los territorios, llegamos a una conclusión idéntica. Adolfo Utor, presidente de la compañía naviera Baleària, sostuvo esta tesis en su discurso de aceptación como académico de número de la Real Academia de la Mar. En concreto, se refería a las diferencias entre los archipiélagos que disponían de tráfico marítimo RO-PAX (con intercambio de bienes y personas) y aquellos que no disponían de este tipo de servicios: «La fiabilidad, las frecuencias y una adecuada oferta permiten eliminar *stocks,* posibilitan un libre y ágil intercambio de bienes y personas entre los territorios una aplicación efectiva del criterio *just in time* y, a la vez, facilitan un creciente desarrollo de la economía. Contar con una eficiente red de comunicaciones marítimas RO-PAX impulsa, sin duda, el desarrollo y progreso económico de los territorios. Detrás de todo impulso económico hay eficientes redes de transporte marítimo RO-PAX. Son causa, no consecuencia; no hay redes de transporte marítimo RO-PAX porque haya desarrollo económico; más bien hay dinamismo económico gracias a la existencia de redes de transporte marítimo RO-PAX. El papel catalizador del transporte marítimo, y por ende del libre comercio, en el desarrollo económico de las sociedades es una evidencia».

Hace varios siglos, las sociedades avanzaron al mejorar las infraestructuras de comunicación terrestres y después prosperaron gracias a la conectividad por mar y luego a causa de las conexiones aéreas, que permitieron a unos territorios destacar sobre otros. Por último, llegó el Internet de la información y, con él, la posibilidad de llevar a cabo cualquier gestión de forma telemática. Todas salvo una: pagar y cobrar; en resumen, intercambiar valor. El Internet del dinero ha llegado para solucionar este último problema que todavía quedaba pendiente.

La irrupción de las criptomonedas repartirá nuevas cartas en la partida mundial por la competitividad. Los territorios con menos infraestructuras, que se han desarrollado tarde o que no han conseguido atraer industrias potentes tienen la gran oportunidad de emerger y alcanzar una posición de liderazgo si son pioneros en el desarrollo de economías alrededor del Internet del valor.

Llegados a este punto, cabe preguntarse cómo será la convivencia de las criptomonedas y el dinero fiduciario en el futuro. Personalmente, no creo que las primeras vayan a sustituir al segundo como medio de pago a corto plazo, al igual que las tarjetas de crédito no han suplido todavía por completo los pagos al contado, y eso a pesar de que las transacciones en efectivo se redujeron de forma importante durante la pandemia de la COVID-19. Sin embargo, aunque no vaya a ocurrir en el corto plazo, sí es posible que suceda más adelante, algo que los reguladores deberían tener en cuenta. Internet no acabó con la costumbre de mucha gente de leer periódicos, pero en la actualidad son pocas las personas por debajo de cuarenta años que compran un diario impreso. Solo hay que fijarse en las costumbres de las generaciones más jóvenes para adivinar que, en el futuro, es posible que suceda algo parecido con el ecosistema cripto.

En la actualidad hay tres grandes perfiles de inversores en criptomonedas: quienes esperan un incremento en su valor como el que sucedió en Bitcoin entre 2013 y 2019, los que invierten y gestionan sus criptoactivos en DeFi y quienes defienden que las criptomonedas son una forma de salvaguardar su dinero frente a las monedas tradicionales. Hay personas que combinan dos o tres de estas sensibilidades. Recuerdo una conversación que tuve con un amigo tras darme cuenta de que estaba pagando con una tarjeta VISA de uno de los *exchanges* centralizados más populares del momento. Él pertenecía claramente al tercer grupo: creía que su dinero perdía valor si lo tenía en euros. Su argumento era que las decisiones sobre las monedas fiduciarias las tomaban los bancos centrales imprimiendo nuevo dinero, mientras que en el caso de las criptomonedas el dinero se imprimía en función de unas reglas claras, transparentes y conocidas por todos.

La *blockchain* y las criptomonedas han desarrollado una red sobre la que construir los servicios financieros del futuro, relacionados con multitud de aspectos de la vida cotidiana, más allá de las formas de pago. Al igual que ocurrió en el nacimiento de Internet, la mayoría de estos productos y servicios están todavía por inventar.

1. Las criptomonedas son simplemente una aplicación dentro del Internet del dinero

Las cosas han cambiado mucho desde que Nakamoto publicara el artículo que sentó las bases de Bitcoin. Durante aquellos años parecía que la *blockchain* iba a servir solo para popularizar las criptomonedas como medio de pago. Sin embargo, esta tecnología se diseñó como un registro descentralizado inmutable capaz de transformar la manera en la que se almacena cualquier tipo de dato. Por ello, más tarde nacieron las redes *blockchain* permisionadas y no permisionadas, diversas entidades comenzaron a unirse para impulsar la adopción de la tecnología en redes privadas y surgió la planificación de diversos productos en este ámbito. En uno de sus libros, Antonopoulos vislumbra con claridad que los pagos con bitcoines son solo la punta del iceberg de lo que supondrá esta tecnología cuando consiga desplegarse al máximo.

Pese a todo, durante el nacimiento de las criptomonedas pocos podían imaginar que su éxito, años más tarde, no tendría que ver con su función como medio de pago, sino con su capacidad de constituirse como una nueva forma de coordinación social. La primera vez que escuché este concepto fue en una conferencia que ofrecieron Alberto G. Toribio y Jesús Pérez a propósito de las DAO, pero puede aplicarse a cualquier aspecto de las criptomonedas.

Hay diferentes tipos de coordinación social. Por ejemplo, cuando una persona crea un fondo con el fin de recaudar dinero de otros individuos e invertirlo en diferentes compañías, bajo unas reglas determinadas y un esquema mercantil previamente establecido. Otro caso es el de un grupo de personas que funda una empresa para ofrecer cualquier tipo de servicio. Podríamos nombrar muchos ejemplos, desde las cooperativas hasta las comunidades de bienes; todos responden a una forma de ordenarse para coordinar esfuerzos bajo unas reglas.

En el caso de la criptoeconomía, las nuevas formas de coordinación social son las que permiten que Bitcoin, Ethereum, los NFT y demás elementos funcionen correctamente. Los contratos inteligentes constituyen la forma más básica de coordinación social dentro del ecosistema, pero también hacen esa función los *mineros* bitcoin o las plataformas que permiten el intercambio de NFT.

Ya hemos hablado a lo largo del libro de que, algunos años después del nacimiento de Bitcoin, comenzaron a desarrollarse los contratos inteligentes sobre la red Ethereum. Nadie predijo esta manera de utilizar la tecnología y la criptoeconomía cuando comenzaron a transferirse los primeros bitcoines, pero, a raíz de su progreso, surgieron infinidad de productos DeFi que basaban su actividad en los fragmentos de código inmutable programados sobre una red *blockchain*. Estos contratos cuentan con una labor de coordinación social porque permiten poner de acuerdo a dos personas que no se conocen y que probablemente no lleguen a conocerse nunca pero que sacan beneficio mutuo y sin intermediarios gracias a la confianza que les brinda la tecnología.

De la misma manera, pocas personas podían imaginar, tras el nacimiento de Internet, que más tarde miles de individuos se coordinarían sin conocerse de nada para dar soporte a criptomonedas como bitcoin, *ether, solana*, etc. Tampoco era posible pensar cuando surgió Bitcoin que algunos de esos *mineros* se organizarían en grupos conocidos como *pools de minería* para maximizar las posibilidades de obtener la recompensa sumando sus capacidades computacionales.

Era difícil hacerse una idea de que se desarrollarían activos como los NFT, pero suponían la evolución natural de los criptoactivos: si sobre la red *blockchain* podían intercambiarse bienes fungibles, como el dinero, también era posible intercambiar otro tipo de activos únicos, como imágenes, vídeos, música y cualquier archivo con una representación digital. Como se ha visto en capítulos anteriores, se está desarrollando todo un universo de posibilidades en torno a ellos. Las plataformas en las que un usuario puede colocar su NFT y obtener dinero prestado también constituyen otra forma de coordinación social. Si no existieran, la conexión entre el tenedor de NFT y el inversor no sería posible y, por tanto, no habría posibilidad de establecer mecanismos seguros de relación entre dos personas que no se conocen y que tienen intereses complementarios.

Es importante señalar que todas estas formas de coordinación social van más allá de la mera transformación digital: son claramente disruptivas porque modifican negocios completos, crean nuevas profesiones y abren posibilidades no imaginadas antes.

Llegados a este punto, cabe preguntarse qué puede pasar durante los próximos diez años si sigue desarrollándose el mundo de la criptoeconomía. Intentaré responder a esta cuestión mediante el repaso de otros avances tecnológicos que han tenido lugar en las últimas décadas.

En los inicios de la telefonía, en 1889, cuando dos personas querían comunicarse debían contactar con una centralita y una operadora que, manualmente, establecía la conexión con el otro extremo de la línea. A partir de ahí el proceso se fue perfeccionando con la introducción de las centralitas automáticas y la mejora de los terminales hasta llegar a la telefonía fija que conocemos hoy.

Por su parte, en sus orígenes los móviles no eran tan ergonómicos y funcionales como los iPhone de la actualidad. Los pioneros fueron modelos como el Motorola DynaTAC 8000X o el Nokia Mobira Senator. El primero pesaba casi 1 kg y su batería no duraba más de 1 h; el Nokia estaba pensado para el automóvil y pesaba alrededor de 10 kg. Los diseñadores de los teléfonos móviles tenían como aspiración que el ser humano fuera capaz de comunicarse, estuviera donde estuviera, a través de la voz. Ese era el objetivo original, pero el rápido desarrollo de la tecnología y el despliegue de las redes de datos permitió el desarrollo también de otro tipo de servicios. Quienes probaron el Nokia de 10 kg no podían imaginar que varios años más tarde sería posible hacer videollamadas, enviar datos o recibir documentos a través del móvil.

Las redes de datos también han cambiado mucho. En 1958 se fundó ARPA, considerada el origen de Internet. El objetivo que perseguían los científicos de la organización era establecer la primera conexión entre diferentes ordenadores situados en las universidades de Stanford y California (UCLA). A partir de ese momento, la Red comenzó su expansión, pero aun así pocos fueron capaces de predecir que Internet se convertiría, cincuenta años después, en la base de la economía global.

La popularización de la Red también ha sufrido cambios y adaptaciones. Por ejemplo, las primeras conexiones con módems de 56 k no permitían mantener comunicaciones simultáneas de voz y datos y hubo un tiempo en el que los ciudadanos miraban el reloj cuando navegaban por Internet. La tarificación de las redes RDSI ha pasado por múltiples fases, desde cobrar al cliente por minutos hasta ofrecerle una tarifa plana de seis de la tarde a ocho de la mañana. Hoy nadie mira el reloj porque Internet se ha convertido en un servicio básico y barato sin el que se puede vivir, pero de una manera mucho más difícil y menos cómoda.

En el ámbito de la critpoeconomía está ocurriendo algo similar a lo sucedido en las primeras fases de la telefonía o Internet. Los dispositivos para almacenar criptoactivos aún no son nada intuitivos. Es necesario disponer de una formación mínima para poder enviar y recibir criptomonedas desde MetaMask, operar en *pools* descentralizados o comprar NFT. Realizar pagos directos con criptomonedas entre dos *wallets* resulta difícil y utilizar los servicios de las DeFi requiere una formación muy profunda. Por esta razón, el futuro de la gestión de criptoactivos pasa por la simplificación de todos estos procesos.

En este sentido, ya están surgiendo diferentes iniciativas, como Criptan, cuyo modelo ha permitido el desarrollo del que podemos considerar el primer banco cripto en España. Se trata de una sociedad valenciana impulsada por Jorge Soriano y un grupo de socios. En su plataforma, un usuario tiene la posibilidad de guardar sus criptoactivos, aumentar su rendimiento utilizando herramientas de inversión sencillas y realizar pagos con tarjeta de crédito a cargo de su cartera de activos. Criptan facilita la custodia, minimiza los trámites para ser proveedor de liquidez o hacer *staking* y permite al usuario disponer de una capa de servicios simplificada sobre la que operar con criptomonedas.

Con la llegada de los servicios de nombres de Ethereum (*Ethereum Name Services* [ENS]) ya no será necesario recordar la cadena alfanumérica de nuestro monedero electrónico ya que podrá sustituirse por un nombre de dominio al estilo de Internet. Recientemente registré TeoGarciaEgea.eth. Para enviarme cualquier activo ya no es necesario recordar la cadena alfanumérica de mi dirección pública; basta con enviarlo a esa dirección. Todo pasa por la simplificación del proceso, y esto es solo el principio.

Como podemos ver, todo lo que rodea la web3, las DeFi y los criptoactivos registrará una evolución radical durante los próximos años. En una década, las formas de pago, los sistemas de almacenamiento y custodia o los procesos para operar no se parecerán en nada a lo que conocemos hoy. La interacción de los ciudadanos con la tecnología en la web3 evolucionará de la misma manera que lo hicieron la telefonía móvil y las redes de datos.

2. El nuevo sistema financiero que cambiará el mundo: DeFi y tokenización

Desde el nacimiento de la web3, hay un ámbito del ecosistema que ha despertado el interés incluso de aquellos sectores críticos con las criptomonedas: la tokenización de activos reales. Esta opción tiene enormes posibilidades dentro de la economía global y la mayoría de la población es capaz de percibirlo. Por esta razón, se considera uno de los ámbitos con mayor potencial de crecimiento dentro la criptoeconomía.

La tokenización es una de las consecuencias más disruptivas de la tecnología *blockchain*. Como ya vimos, permite representar dentro de la red cualquier activo, material o intangible, y facilita su intercambio, compra o venta de forma descentralizada. Además, aumenta la seguridad, mejora la transparencia y dota de trazabilidad a cualquier proceso. No hay límite para representar un activo en la *blockchain* mediante un tóken. La tokenización promete transformar la sociedad: las personas podrán valorar e intercambiar cualquier elemento en función de su oferta y demanda.

Representar un activo físico en la red *blockchain* mediante un tóken es como utilizar las fichas de un casino en lugar del dinero real. Se trata de una forma de simplificar, pero no genera la disrupción buscada. A pesar de ello, ofrece ciertas ventajas, y por eso hay sectores donde este proceso tiene un gran potencial de crecimiento, como el inmobiliario. La tokenización de inmuebles se ha abierto paso debido a la sencillez del modelo y a su fácil comprensión, ya que no requiere conocimientos técnicos profundos. Sin embargo, como ya hemos indicado, bajo algunos puntos de vista no se trataría de una actividad disruptiva, sino de una simple transformación digital, puesto que traslada al ámbito *blockchain* una actividad que ya puede realizarse sin esta tecnología.

En cualquier caso, la tokenización de activos inmobiliarios se está desarrollando de forma global. Han surgido plataformas, como Reental, que permiten invertir en un tóken que representa una parte del activo inmobiliario ofreciendo una rentabilidad para el alquiler y otra para la venta. La tokenización en este sector también ha encontrado una oportunidad a la hora de obtener financiación para el desarrollo de proyectos inmobiliarios. Este sector puede beneficiarse de la reducción de intermediarios y la facilidad de uso de la tecnología.

Sin embargo, es el sector financiero el que puede verse afectado en mayor medida por los procesos de tokenización. El mercado no es más que un proceso de coordinación social en el que los actores toman decisiones individuales en función de los incentivos que recibe cada una de las partes, y ya hemos visto que la criptoeconomía abre la puerta a nuevas maneras de coordinarse socialmente sin una autoridad central. Los proyectos exitosos en el ámbito cripto son los que han conseguido generar actividades de creación de valor alrededor de un tóken.

Los ejemplos más claros pueden ser Bitcoin y Ethereum. En el caso de Bitcoin, los *mineros* reciben incentivos en forma de bitcoines si ponen a disposición de la red un ordenador y la energía necesaria para que funcione. En Ethereum, los *validadores* conectan sus dispositivos a la *blockchain* porque esperan obtener un aliciente por participar. Cuando alguien pone un ordenador en su casa conectado a la red Ethereum forma parte de esa red y se coordina con miles de personas a las que no conoce en una inmensa red de pagos. Es como si VISA ahora fuésemos todos.

Básicamente, los usuarios tienen sus monederos en la *blockchain* de Ethereum y realizan actividades de intercambio de valor: al enviar criptomonedas a otro usuario, ponen a funcionar una aplicación descentralizada dentro de la Ethereum y pagan una pequeña cantidad por ese servicio. A continuación, los nodos de la red (validadores) graban la transacción y dan seguridad a los usuarios. Con cada operación, el *validador* recibe un pago en *ether* por su labor. Es decir, el tóken, en este caso *ether,* elemento central del proceso que cumple una de las funciones básicas del dinero. Otro ejemplo es el de los juegos *play to earn,* en los que la criptomoneda del juego puede utilizarse para comprar mejoras dentro del juego, además de para recibir pagos, como una inversión para seguir ganando criptoactivos.

En decir, hay demanda y actividad alrededor del tóken, lo que genera un círculo virtuoso y de revalorización continua.

En el fondo, lo que ocurre es que nace un nuevo sistema financiero con capacidad de intercambiar valor sin un intermediario o una autoridad central. La transferencia de valor de modo directo permite ofrecer o recibir préstamos, apalancarse sobre un colateral o realizar otras muchas operaciones financieras entre pares, lo que abre un mundo de posibilidades que todavía no somos capaces de imaginar. Como analizamos anteriormente, cualquier empresa puede tokenizar sus acciones y financiarse de una forma global. Pero la tokenización va más allá de la representación digital de un activo físico o financiero: el tóken, si el sistema de incentivos está bien diseñado a través de la *tokenomics,* recoge el valor global de un proceso de coordinación social que lo aprecia o deprecia en función de los incentivos que los actores del mercado perciban.

Gráfico 7.2 Ejemplo del proceso de tokenización.

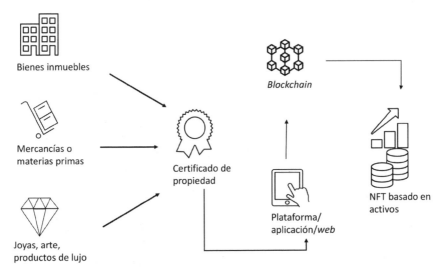

Bienes inmuebles

Mercancías o
materias primas

Joyas, arte,
productos de lujo

Certificado de
propiedad

Blockchain

Plataforma/
aplicación/*web*

NFT basado en
activos

Hace quince o veinte años , que una empresa tuviera un sitio web era algo extraño; en la actualidad, resulta imprescindible. De hecho, las administraciones públicas de las sociedades desarrolladas financian, potencian y subvencionan la creación de webs para las pymes de sus territorios. En unos años, disponer de un tóken propio podría ser igual de importante. Por eso la tokenización se abrirá paso en sectores diversos, desde el Arte hasta las materias primas, pasando por las empresas de transporte o los medios de comunicación. Crear una red de incentivos en torno a una actividad garantiza el éxito en un modelo de negocio, y eso es fácil conseguirlo a través de la tokenización del proceso global.

Si seguimos con las aplicaciones en el ámbito financiero, algunos bancos usan la tokenización para segurizar los datos de los clientes en el sistema de pago. Este proceso permite que la información del usuario, sustituida por un tóken sin utilidad más allá de la plataforma, no viaje por la Red de forma descubierta. De esta forma, aunque el tóken fuese interceptado, nadie podría hacer pagos en nombre del cliente ni sustraer los fondos de forma ilícita. Es el caso de BBVA, que hace unos años desarrolló un sistema de tokenización de los pagos para aumentar la seguridad, la transparencia y la trazabilidad de las transacciones financieras. En la imagen anterior puede apreciarse el sistema propuesto, basado en la transformación de los datos del usuario en un *utility token*.

La carrera por hacer más eficientes los pagos y mejorar su seguridad es consecuencia del rápido crecimiento del comercio electrónico en comparación con el modelo tradicional de compra. El Internet de la información cambió las costumbres de la población, que pasó de elegir productos en una tienda física a hacerlo en una plataforma *online*. De la misma manera, el Internet del dinero modificará la forma en la que realizamos los pagos: pasaremos de hacerlos a través del banco tradicional a ejecutarlos en un banco cripto o desde el propio *wallet*. Ya dijimos que la red de pagos era la pieza que quedaba por modernizar. La tokenización supone un nuevo potencial para el ecosistema porque gracias a ella puede intercambiarse valor que puede representar un activo por sí mismo o estar ligado a un activo real.

En los últimos años han nacido y crecido compañías dedicadas exclusivamente a ayudar a otros en el proceso de tokenización de activos. Desde Token City hasta tZERO, pasando por Securitize o TokenSoft. Son plataformas con procesos estandarizados y segurizados. Ofrecen un nuevo servicio que nace como consecuencia de las posibilidades que ofrece la tecnología *blockchain* y las necesidades de muchas empresas de tokenizar determinados activos de forma externa.

Sin embargo, la *blockchain* y la criptoeconomía son mucho más. Ya hemos visto que representar un activo sobre la red para poder disponer de él en un mercado secundario de forma global abre un mundo de posibilidades. Tal y como comentamos en capítulos anteriores, la bolsa se verá muy afectada. Los fondos de inversión también tendrán que adaptarse a esta nueva tecnología y, aunque el efecto sobre ellos será menor, igualmente resultará disruptivo. Por ello, la bolsa y los mercados han de replantearse su papel en un mundo cada vez más global. Cuando alguien lanza un tóken con una estrategia de comunicación adecuada, se está dirigiendo a una masa más grande que China y EE. UU. juntos, un mercado que no solo es enorme, sino en el que hay oportunidades de financiación rápida.

Las ventajas de la tokenización son numerosas. En primer lugar, permite mejorar de forma significativa la accesibilidad al bien. Desde que se genera el tóken, el público puede realizar operaciones de manera inmediata y no existe una inversión mínima, lo que posibilita la adaptación a diferentes tipos de personas, sin limitaciones geográficas o patrimoniales. En segundo lugar, la tokenización posibilita incrementar la liquidez. Los compradores disponen de un mercado secundario, en la mayoría de los casos con un tamaño suficiente que garantiza la liquidez para el tóken. En definitiva, con la tokenización se genera un mercado global para este tipo de «acciones», pero sin los inconvenientes de otros productos similares relacionados con la salida anticipada, la venta antes de tiempo con descuento, etc. Además, la integridad de la información está garantizada por la inmutabilidad asociada a la *blockchain*.

En el caso de los fondos de inversión, la tokenización conllevará la especialización de los servicios que prestan a sus clientes. Ya no serán tan importantes el acceso a los mercados, la disponibilidad de oportunidades o la posibilidad de invertir en entidades que están lejos del cliente; en un mercado globalmente tokenizado, cualquiera podrá invertir en diferentes empresas desde su nacimiento. La diferencia residirá en que, para hacerlo en aquellas con más potencial de crecimiento, tendrá que contar con asesoramiento experto. Esa es la función en la que tendrán que especializarse las firmas de inversión y en la que cuentan con un gran potencial de crecimiento. Las oportunidades estarán disponibles para todos, pero el valor añadido lo pondrán quienes sean capaces de diferenciar grandes oportunidades de inversión de aquellas que no lo son. En definitiva, cambiará el medio a través del cual se realicen las operaciones y se reducirán los intermediarios, pero aumentará la calidad del asesoramiento necesario.

Por último, cabe destacar como ventaja la apertura, la trazabilidad y la transparencia total en los compromisos asumidos por el emisor del tóken, que permiten comprobar en un registro descentralizado el camino seguido por el activo a lo largo del tiempo.

Derivados de estas mejoras existen también unos riesgos en la tokenización de activos que deben considerarse. En primer lugar, que la población general desconozca la tecnología *blockchain* provoca que este tipo de procesos sean todavía poco frecuentes en la economía cotidiana. En segundo lugar, el escaso desarrollo normativo y la gran fragmentación en la regulación existentes globalmente suponen una fuente de riesgos. Es un factor que las empresas han de tener en cuenta cuando busquen obtener financiación fácil para sus proyectos a través de la tokenización. La ciberseguridad también será un aspecto clave. La red *blockchain,* los contratos inteligentes y la criptoeconomía disponen de mecanismos para desarrollar productos altamente seguros, pero la gestión que los usuarios hacen de las claves o la forma en la que custodian los criptoactivos pueden provocar que la seguridad se vea comprometida. En conclusión, estos riesgos se han de analizar, gestionar y ponderar a la hora de pensar en cualquier proyecto de tokenización.

En la actualidad, el Internet del valor se abre paso a través de quienes entienden y visualizan el potencial transformador de la tecnología *blockchain* y la criptoeconomía. Los emprendedores que hoy están creando su empresa no tienen intención de sacarla a bolsa, sino de tokenizarla y lanzarla a un mercado global. Quienes desarrollan una actividad empresarial relacionada con el mundo de la criptoeconomía no piensan en un banco para gestionar su tesorería, sino en un *pool* descentralizado o en una plataforma de préstamos en criptodivisas.

Este es el reto al que se enfrenta nuestra sociedad: entender que la brecha digital del Internet del valor será mucho más decisiva que la que se produjo y se sigue produciendo en torno al Internet de la información. Estar fuera de la Red podía afectar al negocio, pero no era decisivo para su crecimiento y supervivencia; quedarse apartado de la revolución que supondrá el Internet del valor, sin embargo, marcará la diferencia entre crecer o desaparecer. Esta tecnología y la nueva forma de coordinación social que lleva aparejada estarán disponibles para todos, al igual que lo está Internet, y por eso debemos aprovecharlo. Obviar este hecho solo hará que sean los competidores quienes obtengan una ventaja competitiva difícil de suplir.

——

Entender que la brecha digital del Internet del valor será mucho más decisiva que la que se produjo y se sigue produciendo en torno al Internet de la información es el reto al que se enfrenta nuestra sociedad.

3. De las finanzas descentralizadas (DeFi) a las finanzas regenerativas (ReFi)

Las DeFi ofrecen la posibilidad de obtener grandes beneficios económicos, conectar mundos que hasta ahora permanecían aislados y abrir oportunidades de negocio que parecían impensables. Dicho de otra forma, generan nuevos mecanismos de mercado y un mecanismo novedoso de coordinación social entre personas que buscan incentivos en actividades distintas. Todo esto ha quedado claro en las páginas de este libro. Sin embargo, hay algo más allá de la mera ganancia económica, el crecimiento empresarial o la obtención de más cuota de mercado. En la economía actual, cada vez más compañías y entidades se preocupan por el propósito de su labor, por el legado que dejará su entidad a las nuevas generaciones o por el efecto negativo que su actividad puede tener sobre el planeta. En este contexto, ¿las DeFi o la criptoeconomía pueden ayudar a crear valor intangible, a facilitar el acceso a la financiación en términos de igualdad y a mejorar el medioambiente, la inclusión de personas vulnerables o las condiciones de trabajo de miles de personas? La respuesta a esta pregunta es afirmativa, y la clave radica en las llamadas *finanzas regenerativas* (ReFi).

Las ReFi son la respuesta del ecosistema cripto a los retos que afronta el mundo actual, y este nuevo paradigma está ayudando a cambiar la forma en la que los usuarios interaccionan con el Internet del dinero. Sus motivaciones ya no son solo obtener una ganancia económica, sino generar a la vez efectos positivos en el ecosistema. Las ReFi tienen como objetivo conseguir mejoras que redunden en mayores oportunidades de negocio a la vez que generan sostenibilidad en los modelos. Esta es la base del concepto ReFi: la idea de que las ganancias económicas no son el fin exclusivo de la actividad y que estos beneficios no pueden darse a costa de consumir capital ecológico o social en el planeta. Estas finanzas se basan en el balance positivo en el entorno que debe generar cualquier operación empresarial. Dentro de este concepto se engloban otros más clásicos. como el desarrollo sostenible para compensar la huella ecológica, el de la empresa socialmente responsable o el de la economía regenerativa.

Las ReFi simbolizan la unión entre la criptoeconomía y la economía con propósito. Se trata de la puerta de entrada para crear nuevos modelos económicos que posibiliten un aumento de prosperidad y crecimiento global en los ámbitos económico, ambiental, social e inclusivo. Estos sistemas de incentivos serán capaces de corregir desigualdades que el sistema financiero arrastra desde su creación, como la brecha cada vez mayor entre quienes no tienen acceso al sistema y aquellos que nacieron dentro de él. Es una forma de garantizar la igualdad de oportunidades en el acceso a los recursos y permitir a cualquier ciudadano rivalizar de forma global en una competición en la que sus habilidades, su destreza, su conocimiento y su esfuerzo sean los únicos factores diferenciales y claves de su éxito.

Las criptomonedas aportan libertad financiera a los usuarios porque pueden transferirse libremente gracias a las características clave mencionadas en capítulos anteriores: son abiertas, neutrales, resistente a la censura, públicas y sin fronteras. Sin embargo, una vez consolidado el modelo tecnológico sobre el que se asientan las monedas electrónicas, han comenzado a surgir otros problemas relacionados con la sostenibilidad del modelo. Parte de la comunidad y algunas instituciones, como la Comisión Europea y el Parlamento Europeo, han empezado a poner el foco en la alta demanda energética de la computación que sirve como base de las criptomonedas.

Como ya sabemos, existen dos posibilidades para mantener el consenso en la red *blockchain:* algunas criptomonedas, como bitcoin, aún utilizan el mecanismo PoW, mientras otras, como Ethereum, han cambiado PoW por PoS. En el algoritmo de consenso PoW, los nodos de la red consumen una gran cantidad de energía realizando cálculos que, en la mayoría de los casos, no les servirán para obtener una ganancia. Quizá en un estadio inicial de la red Bitcoin esto no fuera preocupante, pero con la cobertura actual la huella energética del conjunto de la red es bastante relevante, y por ese motivo, entre otros, nacieron las ReFi.

Una de las referencias dentro del ecosistema ReFi se encuentra en ReFi DAO[1], organización descentralizada cuyo principal objetivo es servir de punto de unión para todos los proyectos que deseen transformar el sistema capitalista extractivo en un modelo regenerativo con el que afrontar los problemas de sostenibilidad global. Esta DAO busca iniciativas que permitan la obtención de beneficios económicos a través del desarrollo de actividades que generen una ganancia neta para el entorno.

Comunidades como ReFi DAO son un ejemplo del gran potencial que pueden desplegar los miembros del ecosistema para afrontar los retos de la economía global. En contextos como este, se ve más claro que los pagos o el uso de las criptomonedas como dinero son solo algunas de las posibles aplicaciones que tienen el Internet del valor, la criptoeconomía y la tecnología *blockchain*.

En el caso de la lucha contra el cambio climático, la mejora de la eficiencia energética o la compensación de actividades que destruyen capital natural, la criptoeconomía puede aportar mucho. Ya existen numerosas soluciones para revertir el cambio climático, y las principales barreras para su plena aplicación tienen más que ver con la coordinación eficaz de los actores implicados que con la disponibilidad de tecnología. En este sentido, las políticas o los proyectos fracasan en muchas ocasiones porque no cuentan con el incentivo adecuado para cada una de las partes. De nuevo, el reto es la coordinación social, y las ReFi pueden ser una solución.

El mayor desafío al que nos enfrentamos es unir acciones del mundo real con activos en la *blockchain* al tiempo que se atrae talento para desarrollar los proyectos de forma global. En 2020 comenzaron a surgir iniciativas que tokenizaban créditos de dióxido de carbono (CO_2) para comprar y vender derechos de emisión en un mercado sin intermediarios. Si aplicamos las ReFi a este proceso, estos tókenes podrían estar respaldados, en algunos casos, por activos que generaran oxígeno y capturasen CO_2. De esta forma, las empresas podrían exhibir neutralidad y compensar sus emisiones. Esta iniciativa se podría aplicar en los mercados voluntarios, ya que hay actividades como las desarrolladas por las grandes industrias y las aerolíneas que deben acudir obligatoriamente al mercado para comprar créditos de CO_2.

Tabla 7.3 Ventajas de tokenizar los derechos de emisión de dióxido de carbono

CO_2 tradicional	CO_2 tokenizado
Sistema opaco	Sistema transparente
Coste alto	Coste dinámico
No escalable	Escalable
Sin rendimiento de la inversión	Alto rendimiento/riesgo
Baja liquidez	Alta liquidez

A pesar de todo, este proceso no es realmente disruptivo, ya que se trata de representar en la *blockchain* un activo que ya existe: los derechos de emisión de CO_2. Sin embargo, si se creara un sistema económico alrededor de este tóken cuya emisión y quema permitiera generar incentivos tal y como lo hacen las criptomonedas más exitosas, estaríamos hablando de algo realmente revolucionario. Habría que analizar, en todo caso, aspectos como los siguientes:

- Quienes generasen oxígeno y capturaran CO_2 tendrían que recibir un incentivo económico en forma de tókenes si mantienen y mejoran la masa forestal que permite emitir esos derechos.
- Quienes compran los tókenes que representan los derechos de CO_2 deberían tener mecanismos para obtener el certificado correspondiente. Aquellos que desean compensar sus emisiones de CO_2 dentro del mercado voluntario han de demostrar, es decir, certificar, que se han encargado de la captura de CO_2, por ejemplo, a través de masas forestales concretas que compensan con su actuación las emisiones generadas por la actividad económica.
- Habría que conseguir herramientas de coordinación eficaz y escalables entre quienes compran el tóken para obtener certificados de CO_2 y aquellos que introducen nuevos activos o mejoran los existentes sobre los que se asientan estos certificados.
- Podría generarse una economía que produciría beneficios mutuos para todos los actores del sistema alrededor de este tipo de actividades, como:
  - Hacer de la mejora de los ecosistemas un modo de vida y recibir un buen sueldo por ello.

○ Obtener certificados de CO_2 de forma más barata, trazable y eficiente para las entidades que compren en tóken.

○ Mejorar el planeta, actividad que causaría un beneficio claro en los ecosistemas terrestres al permitir que determinadas personas hicieran de la regeneración ambiental de los territorios su modo de vida.

Este es un ejemplo simple alrededor de una actividad que entre 2020 y 2022 generó multitud de iniciativas en el mercado de los créditos de CO_2. Sin embargo, el potencial de la criptoeconomía para la prosperidad del planeta puede ir mucho más allá.

4. Tókenes que crean biodiversidad

La economía mundial se asienta sobre la cantidad de capital natural disponible en el planeta y su destrucción está amenazando claramente el crecimiento. Con «capital natural» nos referimos a la biodiversidad y a los activos naturales de los que dispone la Tierra, y hablamos de capital natural como hablamos de capital económico: los dos tienen un valor, aunque en ocasiones no es posible poner precio al primero.

Hay actividades, empresas y países que destruyen capital natural y otros que lo crean. Aquellos que lo destruyen tienen un incentivo para hacerlo, ya que con ello obtienen ganancias financieras; sin embargo, y aun siendo la base de la economía global, no hay un incentivo económico para la creación de capital natural.

En la actualidad, el mercado premia a las empresas que compensan su actividad, crean biodiversidad o dedican parte de sus recursos a mejorar el capital natural global mediante una valoración positiva del consumidor. Las empresas garantizan al cliente que su negocio no tiene efecto en la destrucción del capital ecológico en el planeta y este decide elegirlas a la hora de comprar sus productos y servicios. Por esta razón, muchas han desarrollado proyectos para compensar su huella ecológica entre 2015 y 2022. Ejemplos como la plataforma del Banco Santander, que permite al cliente compensar la huella de su actividad realizando actividades de creación de capital natural a través de una mínima inversión, demuestran que esta conciencia ha llegado a todos los sectores. Es un hecho destacable que en 2022 se nombraron tantos directores de sostenibilidad como durante los siete años anteriores. Parece, pues, un sistema que funciona. Sin embargo, la compensación de la huella ecológica no se ha generalizado en todos los órdenes y sectores del ámbito empresarial porque no existe un mecanismo de coordinación social que permita poner en contacto a todos los implicados.

Además, hasta ahora las empresas turísticas, inmobiliarias o de transporte que tenían un compromiso con sus clientes para compensar su actividad se encontraban con problemas para cumplirlo, ya que debían dedicar a parte de su personal a desarrollar este tipo de proyectos. Este inconveniente es el causante de que los efectos sean limitados en el territorio y en la profundidad. Sin embargo, con un mecanismo de mercado es posible crear biodiversidad alrededor de un tóken y coordinar a los distintos interesados en un proceso más sencillo:

1. Este modelo permitiría la creación de un círculo virtuoso alrededor del tóken, que absorbería todo el valor y permitiría recibir incentivos tanto a los creadores de biodiversidad como a los compradores de este:
   ○ Los tenedores del capital natural recibirían una remuneración por mejorar el planeta creando biodiversidad (flora y fauna) en sus territorios. Esto permitiría también una revalorización del activo. Los incentivos serían mayores o menores en función de distintos parámetros: calidad y tipo del ecosistema, nivel de mejora comprometido, etc.
   ○ Las empresas comprarían un tóken respaldado y conectado con ecosistemas donde se crea capital natural (aumento de la biodiversidad, mejora de los ecosistemas, etc.), lo que permitiría compensar su actividad.
2. De esta transacción se beneficiaría el conjunto de la sociedad, puesto que permitiría el desarrollo de una actividad económica alrededor de la mejora de los ecosistemas, actividad que hasta ahora no existía.
3. Si la emisión y la retirada del tóken están bien diseñadas, determinadas personas podrían recibir un sueldo por cuidar el planeta.
4. Tendría lugar una alineación de incentivos y la criptoeconomía permitiría que los que destruyen capital natural lo crearan por otra vía a través de un mecanismo de mercado.

Otro de los ejemplos comentados en capítulos anteriores y que está teniendo un desempeño notable es el de EthicHub[2], cuya propuesta de valor pretende «romper las fronteras del dinero y corregir disfunciones de la economía global y del sistema financiero y monetario que conocemos». La iniciativa posibilita realizar préstamos colaborativos a una comunidad de pequeños agricultores con un excelente producto a través de proyectos seleccionados. Así, pueden obtener financiación fuera del sistema bancario, al que no tienen acceso. El objetivo radica en mejorar su nivel de vida haciendo más eficiente su trabajo. Algunos están pagando intereses por encima del 100 %, mientras que en otras partes del mundo los depositantes reciben una cantidad ínfima por su dinero. Además, los inversores disponen del tóken *Ethix,* que supone un seguro ante los riesgos del préstamo y que, asimismo, permite participar en la gobernanza de EthicHub.

Todos estos ejemplos ilustran un futuro lleno de posibilidades que no ha hecho más que comenzar. Si el Internet de la información permitió conectar a personas y territorios, el Internet del valor posibilitará crear un sistema financiero global con el que abordar nuevos retos, como la sostenibilidad o la inclusión, pasando por la igualdad de oportunidades, e independientemente del territorio donde se desarrolle la actividad.

5. Construyendo los servicios financieros que cambiarán la humanidad

Muchos de los lectores habrán cambiado de opinión a estas alturas del libro y aceptado que lo descrito hasta ahora supone un cambio radical en la forma de interaccionar con el valor. Pedir préstamos sobre un NFT, comprar tókenes que representen partes de una empresa, utilizar *pools* descentralizados para dar liquidez, participar en la gobernanza de los protocolos o interaccionar con los *exchanges* centralizados son algunas de las acciones que, en unos años, serán tan comunes como consultar el correo electrónico. Los servicios financieros del futuro están tomando forma a medida que crece el ecosistema DeFi.

Sin embargo, hay cuestiones que todavía cuesta responder y que son importantes para que el sistema pueda desarrollarse al máximo. Por ejemplo, ¿podemos pagar en criptomonedas? Esta es la gran pregunta para todos los que empiezan a comprender la potencia del ecosistema. La respuesta es sí, pero con salvedades.

Resulta obvio señalar que, en lugares que aceptan criptomonedas, es fácil abonar los productos directamente desde nuestro *wallet*. Sin embargo, ¿cómo lo hacemos en la inmensa mayoría de los comercios, donde esto no es posible? La solución es utilizar una tarjeta asociada a un *exchange,* puesto que la tecnología ya permite usar las criptomonedas como medio de pago a través de tarjetas de débito. Binance, Crypto.com o el español Criptan ofrecen este servicio.

El proceso es simple. Supongamos que el usuario desea realizar una compra en un supermercado utilizando sus criptomonedas. En el momento del pago, el emisor de la tarjeta comprueba que existe saldo suficiente y procede a canjear los activos digitales por dinero *fiat*. El cambio se realiza conforme al precio al que se encuentre la criptomoneda en cuestión en ese momento. Si cuando compramos nuestras criptomonedas bitcoin tenía un valor de 40 000 $ y al usar la tarjeta está en 30 000, los bitcoines valdrán menos que antes y, por tanto, nuestra cartera también. Por el contrario, si las adquirimos a 40 000 $ y el bitcoin está cotizando a 55 000 en el momento de la transacción, tendremos una cartera de mayor valor y necesitaremos menos bitcoines para pagar nuestra compra en el supermercado[3].

Es importante remarcar que en este proceso tiene lugar un evento fiscal que debe analizarse en función de la legislación de cada país. El tratamiento será diferente si el usuario ha obtenido una ganancia o ha registrado una pérdida con la operación en la que ha utilizado las criptomonedas.

Estas tarjetas, al igual que los *exchanges* que intercambian nuestros criptoactivos por euros, constituyen un puente entre dos mundos. Las garantías que aportan los puntos de intercambio centralizados permiten identificar al usuario, aportar trazabilidad en los fondos y emitir tarjetas de débito con garantías para los comercios. En este punto, puede apreciarse que no existe una gran diferencia en servicios de pago entre el Bank of America y Criptan. El primero dispone de dinero fiduciario y el segundo usa las criptomonedas como reserva para la tarjeta, pero, en esencia, ambos ocupan la misma parte de la cadena de pagos. Es como si un turista paga con su tarjeta de crédito en EE. UU., su tarjeta tiene dinero en euros pero en el momento del pago se hace el cambio por dólares.

En este sentido, si analizamos el ecosistema DeFi, es posible encontrar analogías entre los distintos protocolos cripto y algunos elementos del sistema financiero global, donde interactúan organizaciones, entidades y supervisores con un papel determinado basándose en unas reglas establecidas. Por ejemplo, los *exchanges* anteriormente mencionados son espacios donde los usuarios pueden intercambiar criptomonedas y comprar tókenes con moneda fiduciaria como euros o dólares. Los *pools* de liquidez, por su parte, unen a los usuarios que necesitan liquidez para intercambiar distintas criptomonedas con quienes disponen de capital. Estas plataformas son una especie de banco, pero descentralizado, en el que los usuarios bloquean liquidez como si de un plazo fijo se tratara y cobran comisiones a quienes lo emplean. Las plataformas de préstamo desempeñan un papel fundamental. También actúan como DEX porque permiten que cualquier usuario intercambie cualquier criptomoneda por otra. Los DEX no permiten operar con *fiat* al ser una herramienta 100 % descentralizada.

En el mundo cripto, solo es posible intercambiar valor si se ha conseguido tokenizarlo. Para introducir o representar activos en el ecosistema DeFi el elemento fundamental es el tóken, sea fungible (como las criptomonedas) o no fungible (como los NFT). Por ello, la demanda de procesos de tokenización registrará un crecimiento exponencial en los próximos años. Una de las funciones del dinero es ser utilizado como medio de pago. Es clave, por tanto, disponer de este tipo de pasarelas, que permiten pagar con criptoactivos de forma segura.

El intercambio de valor entre dos personas sin intermediarios que aporten confianza es la piedra angular sobre la que se construye este nuevo método financiero de productos y servicios DeFi. Sin embargo, siendo esto importante, no es suficiente para que pueda escalar. Lo importante es que cumpla otros requisitos: todo sistema financiero requiere servicios básicos para su correcto funcionamiento, como los procedimientos de custodia y de gestión de activos. Se precisan también servicios de identificación de clientes para asegurar las políticas Conozca a su cliente (*Know Your Customer* [KYC]) en aquellos lugares donde sean exigibles.

Dentro del ecosistema DeFi existen ya infinidad de protocolos que cubren una determinada necesidad del sistema financiero del futuro, lo que cambiará para siempre la forma en la que gestionamos el valor de nuestra cartera.

En este ecosistema es posible encontrar servicios de custodia y gestión de activos como MetaMask, Trust Wallet o MyCrypto. Estos servicios permiten al usuario almacenar, recibir y enviar activos de forma segura desde un ordenador y se complementan con los sistemas *hardware* de almacenamiento de criptomonedas, de los que la marca Ledger es hoy la principal referencia.

En países cuya ley exige la identificación de los usuarios que poseen un criptoactivo, desempeñan un papel fundamental plataformas como uPort, Civic o Selfkey porque posibilitan implementar un sistema de identificación seguro en cualquier servicio de compraventa cripto. Para crear, intercambiar o almacenar criptoactivos se han creado servicios como Gnosis y para la permuta de criptoactivos como *ether* nació LocalEthereum, un servicio que permite, a través de contratos inteligentes entre dos usuarios, negociar al margen de cualquier plataforma. En su fundación solo era posible intercambiar activos en Ethereum, pero posteriormente se abrió a muchas otras monedas y pasó a llamarse LocalCryptos.

Los inicios del Internet del valor se basaron en un protocolo sencillo pero muy robusto: Bitcoin. Como ya sabemos, abrió las puertas a la posibilidad de que dos usuarios se transfirieran valor de forma descentralizada. Sobre ese hecho se está construyendo un enorme sistema financiero con aplicaciones y protocolos nuevos que dan solución a los retos que surgen con la evolución de los servicios y las demandas de los usuarios. En el nacimiento del Internet de la información nadie se planteaba para qué serviría un buscador como Google, ya que no había nada que buscar; cuando la información almacenada en miles de servidores conectados hizo viable el negocio, Google se convirtió en la empresa de referencia que es hoy.

De la misma manera, en el comienzo de la década de 2020 pocos son capaces de visualizar qué tipo de servicios del Internet del valor se convertirán en los Google, Amazon o Netflix del ecosistema. Quizá sea posible ligar las direcciones de los monederos con nombres concretos y analizar las transacciones entrantes y salientes. Una dirección cripto es anónima, pero deja de serlo en el momento en el que el usuario entrega de forma voluntaria su dirección para que alguien le envíe criptoactivos. En ese momento comienza a tener cierta trazabilidad y su anonimato ya no es total. La transparencia que caracteriza a estos sistemas puede hacer que cualquiera sea capaz de ver nuestras transacciones, el contenido del *wallet* y con quién se han estado intercambiando activos. Existe una relación entre la dirección y una persona que opera en un *exchange* centralizado en el que está identificado. En el momento en el que un usuario revela su dirección a un tercero para que le realice una transacción, está reconociendo ser su propietario. En la actualidad, solo con ese dato es casi imposible identificar a la persona que hay detrás de un monedero, pero quizá en el futuro alguien sea capaz de crear las «páginas amarillas» o el «google» de los *wallets* de forma global.

Por otro lado, los servicios financieros del futuro deben resolver el gran reto de la web3: ligar los activos del mundo real con los criptoactivos. Sabemos que ya existen algunos protocolos que solucionan este problema, como Centrifuge, que posibilita pedir un préstamo sobre una propiedad representada sobre un NFT. También hemos hablado ya de EthicHub, que permite utilizar criptoactivos para proveer de liquidez proyectos agrícolas, o Nash21, que tokeniza contratos de alquiler garantizando el cobro al propietario y ofreciendo rentabilidad a los inversores. Sin embargo, aún queda un largo camino que recorrer para aprovechar las enormes posibilidades que ofrece este nuevo sistema financiero, destinado a cambiar para siempre la relación entre el usuario y el valor.

La imagen anterior recuerda el nacimiento del Internet de la información. Su configuración actual también podría describirse como la unión de miles de protocolos, productos y servicios que operan conjuntamente con un objetivo común. Podemos usar diferentes navegadores, como Chrome, Explorer, Safari o Firefox. Cada uno aporta unas ventajas y tiene unas limitaciones, pero todos nos permiten acceder a Internet con unas reglas compartidas. Hablan el mismo idioma a pesar de tener código fuente distinto. Un usuario de telefonía móvil puede tener un iPhone, un Nokia o un teléfono Huawei. Independientemente del fabricante, todos emplean el mismo protocolo para comunicarse entre sí. Sin embargo, no podemos instalar aplicaciones diseñadas para el sistema operativo de Apple en otro como Windows.

Algo muy similar ocurre con el Internet del valor. Disponemos de diversas plataformas para intercambiar bitcoines por *ether,* MATIC por *solana* y otros muchos pares. Además, todos estos activos pueden almacenarse en un monedero *hardware* o *software* como Ledger o MetaMask. Existe un alto grado de interoperabilidad en muchos de los elementos que componen el sistema. Sin embargo, al igual que las aplicaciones de Apple no funcionan sobre Windows, no existe la opción de enviar bitcoines a una dirección de Ethereum. Se perderían, ya que estos activos no pueden ser representados en esa red.

El Internet de la información tiene sus reglas y el Internet del valor también, pero estas normas irán evolucionando hacia una mayor interoperabilidad y los procesos se volverán más simples. Enviar bitcoines desde un monedero *hardware* es un proceso difícil para alguien que no lo ha hecho nunca: el usuario debe conectar el *wallet* al ordenador, tener instalada una aplicación como MetaMask, revisar las comisiones de la transacción, pulsar «enviar» y firmar la transacción. Es previsible que este proceso se vuelva más sencillo, aunque puede que un usuario sienta el mismo vértigo que cuando hizo la primera transacción en euros a través de la banca electrónica.

Como acabamos de ver, el ecosistema cripto está repleto de instrumentos que permiten operar con nuestros criptoactivos para aumentar el valor de la cartera. En el sistema financiero del futuro, la participación en los fondos de inversión no estará limitada a grandes capitales o fondos soberanos. De hecho, a partir de 2021 han comenzado a surgir fondos que invierten exclusivamente en tókenes de compañías y otros que gestionan dinero cripto de terceros para ofrecer una ganancia. Estos fondos pueden obtener rentabilidad de dos formas: por un lado, invirtiendo en tókenes emitidos por empresas que garantizan el beneficio; por otro, desarrollando estrategias de inversión con los criptoactivos depositados en *pools* de liquidez o en derivados, por ejemplo.

De esta forma, se abre una nueva rama de actividad para los expertos en gestión de criptoactivos: encargarse del patrimonio de terceros y compartir ganancias. Es la manera de ejercer de banquero de inversión en el mundo de la web3. No es necesario tener una oficina en el centro de una gran capital europea o estar conectado con el mundo económico para hacerlo; solo se debe ser un experto en la gestión de criptoactivos, conocer al detalle todos los protocolos disponibles y conseguir la confianza de un grupo de personas para que nos encarguen ese trabajo.

Este conocimiento pasa por saber que quienes compran bitcoines y los dejan almacenados sin tocarlos son como los que guardan el dinero debajo del colchón. Sin embargo, mientras la mayoría de las personas tienen interiorizado que el dinero debajo del colchón pierde valor, muy pocas de las que invierten en criptomonedas entienden que tenerlas paradas es como tener dólares improductivos. Nadie compra dólares para guardarlos: se utilizan para invertir en empresas rentables. Lo mismo ocurre con las criptomonedas: la rentabilidad proviene de invertir en proyectos productivos o gestionar el patrimonio de forma exitosa.

En este nuevo sistema financiero también es posible invertir en derivados. Estos productos cuentan con un alto riesgo en el sistema financiero tradicional y conservan esta característica en el ecosistema cripto. Cuando la valoración del bitcoin respecto al dólar cae, muchos creen que los inversores en criptomonedas están perdiendo dinero, pero no es siempre así. Hay quien coloca sus monedas electrónicas en productos derivados y «apuesta contra el mercado», por lo que gana una buena suma si el precio del bitcoin cae. Herramientas como dYdX[4] permiten invertir en estos productos para complementar otro tipo de negocios. Por ejemplo, si estamos gestionando una cartera de criptoactivos y queremos reducir la posibilidad de perder valor en un momento de caída del mercado, podemos invertir en bitcoines con una «posición corta». Esta operación nos posibilitará ganar dinero si el bitcoin baja. Del mismo modo, perderemos rentabilidad si sube. Si el proceso se lleva a cabo de forma analítica y no como una mera apuesta, esta inversión sería el equivalente a pagar el seguro del coche: nos servirá de cobertura en caso de que el mercado se desplome, pero sabemos que, si sube, tendremos que pagar una prima.

La mayoría de las actividades que pueden desarrollarse hoy en el mundo financiero tradicional tienen su versión en el ecosistema cripto: desde pedir una hipoteca sobre un bien hasta invertir en derivados. La regulación desempeñará un papel importante en el futuro desarrollo de estos servicios financieros que cambiarán la humanidad. En el ámbito centralizado, los Estados querrán cubrir sus responsabilidades exigiendo transparencia sobre los riesgos que conlleva invertir en criptoactivos, controlar las transacciones para que paguen los correspondientes impuestos y tener un control sobre el número de activos y su naturaleza que posean sus contribuyentes. En el ámbito descentralizado será más complicado. Desde estas páginas se apuesta claramente por la autorregulación del sector. Un estándar de actuación para todos los operadores de la web3, estén o no obligados a ello, ayudaría a una adopción masiva y a una rápida generalización de las herramientas tecnológicas asociadas. En caso contrario, si el sector no es capaz de autorregularse (o no es regulado por las instituciones públicas, como segunda y peor opción), la fragmentación geopolítica y las diferencias sociales, económicas y culturales harán imposible que todos los ciudadanos puedan acceder a la tecnología en igualdad de condiciones. Además, el potencial de crecimiento del ecosistema se verá limitado.

Lo que ocurrió en el sector durante 2014 será lo que mismo sucederá entre 2020 y 2030. Por aquellos años comenzaron a nacer los primeros sistemas de intercambio de criptomonedas, pero quebraron debido a la falta de mercado. Años después, ese mismo modelo sirvió al empresario chino-canadiense Chanpeng Zhao para crear Binance, la mayor plataforma *exchange* del mundo, y convertirse en uno de los hombres más ricos del planeta. Lo que no funcionó en 2014 fue un éxito a partir de 2018, no solo en el caso de Binance, sino también de Coinbase, Kraken, etc.

De la misma manera, los protocolos y servicios que no consigan salir adelante en los primeros años de la década de 2020 podrían convertirse en referencias cuando el mercado esté más maduro. Nadie era capaz de imaginar que se podría hacer negocio con Facebook o Twitter hasta que alguien lo hizo posible, ni siquiera cuando comenzaron a crearse redes sociales como Tuenti. Este es el punto en el que se encuentra el ecosistema web3 en los inicios de 2023: gran parte de los productos y servicios más exitosos está todavía por imaginar.

8
Consejos para iniciarte en la criptoeconomía y las finanzas descentralizadas

Iniciación

1. Cómprate un monedero frío para mantener seguros tus criptoactivos. Nunca tengas el acceso a tus criptoactivos únicamente dentro de un ordenador. Si este tiene problemas, se pierde o se daña, corres el riesgo de perder el acceso a tu dinero. Puedes comprar un monedero Ledger o Trazos y aprender a usarlo, pues es muy fácil.

2. Prueba los distintos servicios DeFi con pocas cantidades de dinero. Envía y recibe criptoactivos y comprende el sistema que hay detrás. Sobre todo al principio intenta probarlo todo y hazlo con cantidades que puedas permitirte perder. La primera vez que usé un puente entre dos redes, perdí 10 €. La primera vez que utilicé un *pool* de liquidez (es decir, dejé a plazo fijo mis criptoactivos) lo hice con 15 $ y fue de los aprendizajes más rentable de mi vida.

3. Lee los *whitepapers* de los protocolos más importantes. Leer una vez en la vida el documento original de Bitcoin, escrito por Nakamoto, es prácticamente obligatorio. También puedes continuar por el documento de Ethereum. Resulta recomendable leer también el funcionamiento de alguno de los protocolos más importantes en DeFi, como ParaSwap, Uniswap, dYdX, Tokamak o DAI. Es normal que no entiendas nada al principio, ya que son muchos conceptos nuevos en poco espacio de tiempo. Sigue leyendo.

Nivel medio

4. Participa en los foros de discusión de la comunidad cripto. Hay infinidad de foros dentro de Discord, plataforma de mensajería instantánea donde podrás encontrar a buena parte de la comunidad cripto intercambiando puntos de vista, reflexiones y consejos útiles. Leer y preguntar en los diferentes canales es la forma más rápida de aprender. Las comunidades son la mejor forma de encontrar personas con tus mismas inquietudes. Crypto Plaza es uno de los mayores *hubs* de Europa donde aprender sobre DeFi.

5. Asiste a eventos de calidad relacionados con la tecnología *blockchain,* **la criptoeconomía o las DeFi.** En ellos podrás resolver dudas, escuchar ponencias interesantes y conocer a gente de toda condición que comparte tus mismas inquietudes. Asegúrate de que estos encuentros están organizados por entidades de prestigio del ecosistema DeFi o de las finanzas tradicionales. Las personas más interesantes que he conocido y de las que más he aprendido las encontré en estos eventos.

6. Intenta comprender el funcionamiento de las líneas de código que forman las aplicaciones. No se trata de convertirse en un experto programador pero sí de entender la tecnología que hay detrás de cada acción que hacemos. Puedes empezar buscando un manual básico de *solidity* o probar un juego divertido que te enseña a programar desde cero: https://cryptozombies.io/es/

Avanzado

7. Compra tókenes de gobernanza de un protocolo y participa en la toma de decisiones. Cuando un usuario compra tókenes MKR se sienta en el consejo de administración de la MakerDAO. Esta organización es la que toma las decisiones sobre la moneda estable DAI. Se trata de una forma de implicarse en las decisiones de una de las DAO más importantes del ecosistema y de aprender cómo funciona por dentro una organización como esta.

8. Aprende a gestionar tu propia cartera. Conforme vayas cogiendo confianza, puedes ir analizando cómo funcionan los distintos servicios DeFi. Hay infinidad de herramientas que se pueden adaptar a las necesidades del usuario. El *exchange* español Criptan ofrece servicios centralizados sencillos con los que obtener rentabilidad de forma pasiva. Herramientas como dYdX , Uniswap o ParaSwap te permiten obtener rentabilidades, pero debes disponer de un conocimiento avanzado para entender cómo depositar y retirar criptoactivos. Lee el funcionamiento y las funcionalidades de los protocolos antes de comenzar y, una vez que te familiarices, podrías empezar a gestionar tu propia cartera.

9. Conviértete en programador web3. No se trata de dedicarte profesionalmente a la programación pero sí de aprender nociones básicas que te ayudarán a comprender qué ocurre detrás del sistema cuando ejecutas tus acciones. Saber cómo funciona un contrato inteligente, conocer la forma en la que interaccionan los servicios o entender cómo se realiza el intercambio de valor son aprendizajes que te ayudarán a entender mucho mejor el mundo DeFi.

Profesional

10. Crea tu propio proyecto DeFi. El 99 % de las aplicaciones DeFi están todavía por imaginar. Todos los sectores se verán afectados por la disrupción tecnológica que supone la llegada de los sistemas *blockchain* asociados a la criptoeconomía. Como hemos comentado en este libro, muchos reducen al puro *trading* el ecosistema de las DeFi y la *blockchain,* sobre todo quienes desconocen su funcionamiento. El verdadero valor, sin embargo, está en las aplicaciones que permiten transformar sectores enteros sobre la base del intercambio de valor descentralizado. Al igual que hizo el Internet de la información, el Internet del valor cambiará para siempre sectores enteros.

Notas

Capítulo 1

1. http://p2pfoundation.ning.com/forum/topics/bitcoin-open-source

2. https://www.criptonoticias.com/opinion/alberto-gomez-toribio-blockchain-bitcoin-entrevista-conferencia-madrid/

3. https://www.bloomberg.com/news/articles/2015-10-22/bitcoin-virtual-currency-exchange-is-tax-free-eu-court-says-ig21wzcd?leadSource=uverify%20wall

4. https://es.cointelegraph.com/news/spain-blockchain-applied-to-certify-wine-appellation

Capítulo 2

1. http://AAVE.com/

2. https://bitcoin.org/bitcoin.pdf

3. https://ethereum.org/en/whitepaper/

4. https://solana.com/solana-whitepaper.pdf

5. https://www.teodorogarciaegea.com/2017/12/02/blockchain-el-notario-de-internet/

Capítulo 3

1. https://www.ecb.europa.eu/press/key/date/2022/html/ecb.sp220425~6436006db0.en.html

2. Hay cinco características de los criptoactivos contra las que será imposible luchar: son abiertos, públicos, neutrales, sin fronteras y resistentes a la censura. La regulación y los Estados deberán tenerlo en cuenta.

3. https://blockscan.com/

4. https://www.infosubvenciones.es/bdnstrans/GE/es/convocatoria/
638063

Capítulo 4

1. https://blog.makerdao.com/la-actualizacion-1-2-del-sistema-de-
liquidaciones-del-protocolo-maker-ha-llegado/

2. https://makerdao.com/es/whitepaper/

3. https://www.binance.com/en https://www.kraken.com/es-es o
https://criptan.com/es-es/

4. https://uniswap.org/

5. https://es.cointelegraph.com/explained/token-uni-understanding-
everything-behind-the-uniswap-governance-token

6. https://www.tokemak.xyz/

7. https://es.cointelegraph.com/news/wyoming-legally-recognizes-first-
dao-in-the-united-states

8. https://decrypt.co/es/110444/regulador-de-eeuu-demanda-a-una-
dao-preocupando-a-expertors-del-ecosistema-defi

9. https://fee.org/articles/transaction-costs-and-the-progress-of-humanity/

Capítulo 5

1. https://opensea.io/

2. Su historial de transacciones puede verse en: https://cryptopunks.app/
cryptopunks/details/5822

3. https://opensea.io/assets/ethereum/0xb47e3cd837ddf8e4c57f05d70
ab865de6e193bbb/5822

4. https://www.nash21.io/

5. https://centrifuge.io/

6. https://www.unlockd.finance/

7. https://abacus.wtf/

8. https://sorare.com/

Capítulo 6

1. https://www.reental.co/

2. ecb.europa.eu/pub/pdf/other/key_objectives_digital_euro~f11592 d6fb.es.pdf

Capítulo 7

1. http://www.refidao.com

2. https://www.ethichub.com/

3. Tarjetas de débito VISA y MASTERCARD emitidas por los *exchanges* centralizados Criptan, Binance y Crypto.com a través de las cuales pueden gastarse las criptomonedas de nuestra cartera en tiempo real.

4. http://DyDx.finance/

**Si has llegado hasta aquí,
ya formas parte de la comunidad
criptoeconómica.**

Puedes reclamar tu NFT
que te acredita como lector de este libro.
A través de este NFT
podrás acceder a contenido exclusivo,
formando parte de una comunidad global.